AF281025

Proyectos europeos

Editado por:
EDITORIAL FAE, S.L.U.
Correo electrónico: editorial@editorialfae.com

Proyectos europeos
Elsa Rubio Dulce

1ª Edición

ISBN:

Impreso en España

Índice

U. A. 1. Planificación del proyecto

U. A. 2. Desarrollo de la asociación

U. A. 3. Gestión administrativa del proyecto

Introducción

1. Objetivos
1. El contrato con la Comisión Europea y los contratos con los socios
2. Gestión financiera de proyectos europeos, especialmente de los relacionados con la educación y la formación
3. El presupuesto del proyecto
4. Roles, actividades y responsabilidades en la administración del proyecto
5. Justificación económica del proyecto
6. Legislación aplicable
7. Problemas que pueden surgir y estrategias para anticiparlos y/o resolverlos

RESUMEN

GLOSARIO

EJERCICIOS DE AUTOEVALUACIÓN

U. A. 4. Desarrollo del proyecto

Introducción

Objetivos

1. Organización del proyecto: calendario, equipo, hitos, actividades, plazos...
2. Roles, actividades y responsabilidades en el desarrollo del proyecto
3. Elaboración de informes y productos
4. Organización de reuniones transnacionales y otros eventos: seminarios, conferencias, ferias...
5. Problemas que pueden surgir y estrategias para anticiparlos y/o resolverlos

RESUMEN

GLOSARIO

EJERCICIOS DE AUTOEVALUACIÓN

U. A. 5. Seguimiento, evaluación, diseminación y valorización

Aplicaciones prácticas

Ejercicio de evaluación final

Solucionario

Bibliografía

U. A. 1. Planificación del proyecto

Introducción

La planificación constituye una fase crucial en el ciclo de vida de los proyectos europeos. Es el punto de partida en el que se define la idea del proyecto, se identifican las oportunidades de financiación, se recopila y analiza la información relevante, y se establecen las bases para la posterior ejecución y seguimiento. En el contexto de los programas de fondos europeos, especialmente en las áreas de educación, formación y cultura, esta etapa cobra aún más importancia debido a la alta competitividad y a los exigentes requisitos administrativos y técnicos que deben cumplirse desde el inicio.

La planificación no solo implica una buena idea, sino también la capacidad de estructurarla en actividades coherentes, definir entregables y productos finales, prever riesgos y diseñar estrategias de mitigación. Además, exige un conocimiento actualizado de las convocatorias de financiación disponibles, la comprensión de los elementos del ciclo del proyecto, y la identificación de fuentes de información fiables para asegurar que las propuestas respondan a las prioridades estratégicas de la Unión Europea.

Esta unidad ofrece las herramientas necesarias para transformar una idea en una propuesta sólida y alineada con los criterios de calidad que rigen los proyectos financiados con fondos europeos.

Objetivos

- Identificar los principales programas de financiación europea relacionados con la educación, la formación y la cultura.
- Localizar y analizar fuentes de información relevantes para la planificación de proyectos europeos.
- Formular una idea de proyecto alineada con las prioridades estratégicas de la Unión Europea.
- Comprender el proceso de planificación de un proyecto europeo, incluyendo sus fases y elementos esenciales.
- Describir el ciclo de vida de los proyectos europeos, distinguiendo sus componentes clave: paquetes de trabajo, actividades, hitos, entregables y productos.
- Reconocer los problemas comunes en la fase de planificación y aplicar estrategias preventivas o correctivas para abordarlos con eficacia.

1. Programas de Fondos Europeos, especialmente en el campo de la educación, la formación y la cultura

La financiación de proyectos por parte de la Unión Europea se basa en un conjunto de principios estratégicos y jurídicos que orientan el uso de los fondos públicos comunitarios. Su finalidad no es simplemente financiar actividades, sino impulsar transformaciones estructurales y sociales que contribuyan al desarrollo equilibrado, sostenible y competitivo de Europa en su conjunto.

Los principales objetivos que persigue la UE a través de sus programas de financiación son los siguientes:

Objetivo	Descripción
Cohesión económica, social y territorial	Reducir las desigualdades entre regiones y promover la igualdad de oportunidades.
Competitividad e innovación	Fomentar el emprendimiento, la investigación, la tecnología y la digitalización.
Transición ecológica y sostenibilidad	Apoyar proyectos que promuevan energías limpias, economía circular y lucha contra el cambio climático.
Empleo y formación a lo largo de la vida	Mejorar la empleabilidad, la educación inclusiva y la cualificación profesional.
Ciudadanía europea y valores democráticos	Reforzar la participación ciudadana, la cohesión social y los derechos fundamentales.

Los fondos europeos se rigen por principios transversales que deben cumplirse en todas las fases del ciclo de vida del proyecto:

- **Adicionalidad**: la financiación europea no sustituye la financiación nacional, sino que la complementa.
- **Transparencia y rendición de cuentas**: todos los procesos deben documentarse, justificarse y estar disponibles para auditoría.
- **Eficacia y eficiencia**: los proyectos deben demostrar un uso racional de los recursos, buscando el mayor impacto con los medios disponibles.
- **Accesibilidad e igualdad de oportunidades**: se debe garantizar que los proyectos respeten la igualdad de género, la inclusión social y la no discriminación.
- **Sostenibilidad**: los resultados deben tener un efecto duradero y generar valor más allá del período de financiación.

La Comisión Europea evalúa los proyectos tanto por su calidad técnica, como por el grado en que integran estos principios. Una propuesta puede ser técnicamente sólida, pero quedar descartada si no refleja adecuadamente, por ejemplo, los principios de inclusión o sostenibilidad.

Existen dos grandes tipos de instrumentos financieros en el marco europeo:

- **Fondos de gestión compartida**, como el *Fondo Social Europeo Plus (FSE+)* o el *FEDER*, gestionados por los Estados miembros en colaboración con la Comisión.

- **Fondos de gestión directa**, como *Erasmus+*, *Europa Creativa* o *Horizonte Europa*, gestionados por agencias ejecutivas de la UE o directamente por la Comisión.

Fig. 1. Horizonte Europa es el programa marco de la Unión Europea para la investigación y la innovación, vital para el desarrollo científico y tecnológico del continente

Ejemplo

Un proyecto educativo transnacional sobre formación digital puede financiarse a través de Erasmus+ si se orienta a la movilidad o cooperación entre centros educativos, o a través de Horizonte Europa si se enmarca en investigación e innovación.

La Unión Europea dispone de un sistema estructurado para canalizar su financiación a través de dos grandes vías: **la gestión directa** y **la gestión compartida**. Conocer sus diferencias resulta esencial para identificar qué tipo de programa se ajusta a cada proyecto y qué organismos intervienen en su administración.

A. Fondos de gestión compartida

Los fondos de gestión compartida representan aproximadamente el 70% del presupuesto total de la UE. Son gestionados conjuntamente por la Comisión Europea y las autoridades nacionales, regionales o locales de los Estados miembros.

Estos fondos se inscriben principalmente en el Marco Financiero Plurianual (MFP) y en la Política de Cohesión, y su ejecución se realiza a través de programas operativos.

Se describen los fondos más representativos de este tipo:

Fondo	Ámbito de actuación
Fondo Social Europeo Plus (*FSE+*)	Formación, inclusión social, lucha contra la pobreza y empleo.
Fondo Europeo de Desarrollo Regional (*FEDER*)	Desarrollo regional, infraestructura, I+D, digitalización.
Fondo de Cohesión	Transporte sostenible y medioambiente en países con menor renta.
Fondo Europeo Agrícola de Desarrollo Rural (*FEADER*)	Apoyo al desarrollo rural.
Fondo Europeo Marítimo, de Pesca y de Acuicultura (*FEMPA*)	Sostenibilidad en sectores pesquero y acuícola.

 **Importante**

Para acceder a estos fondos es necesario presentar propuestas dentro de convocatorias nacionales o regionales, conforme a los Programas Operativos diseñados por cada país.

B. Fondos de gestión directa

Los fondos de gestión directa son administrados directamente por la Comisión Europea o por agencias ejecutivas delegadas. Su característica principal es que la convocatoria, evaluación, adjudicación y seguimiento del proyecto se realiza a nivel europeo.

Estos fondos están abiertos a la participación de organizaciones de todos los Estados miembros, sin intermediación de las administraciones nacionales, y suelen implicar cooperación transnacional.

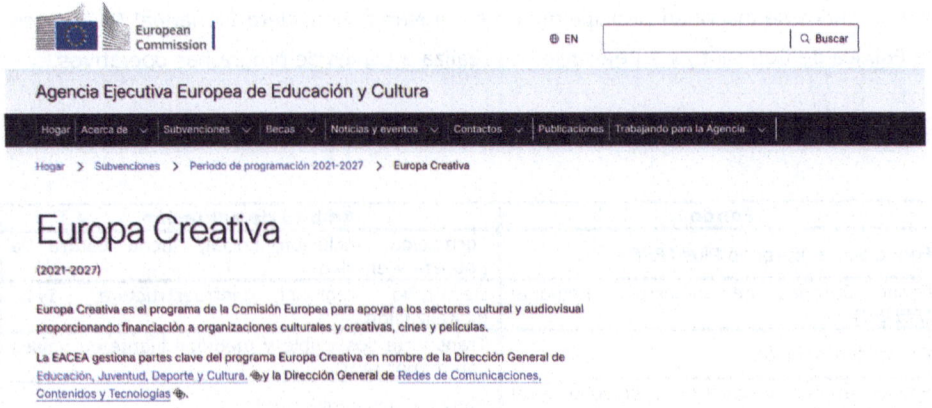

Fig. 2. Europa Creativa es el programa de la Unión Europea que impulsa los sectores cultural y audiovisual mediante financiación a organizaciones, cine y proyectos creativos

Algunos ejemplos de programas con gestión directa son:

Programa	Sector principal	Agencia o entidad gestora
Erasmus+	Educación, juventud y deporte	Agencia Ejecutiva Europea de Educación y Cultura (EACEA)
Europa Creativa	Cultura y medios audiovisuales	EACEA
Horizonte Europa	Investigación e innovación	Agencia Ejecutiva de Investigación (REA)
LIFE	Medioambiente y acción climática	CINEA (Agencia Ejecutiva Europea de Clima, Infraestructura y Medio Ambiente)
CERV (Ciudadanos, Igualdad, Derechos y Valores)	Democracia y derechos fundamentales	Comisión Europea / EACEA

Ejemplo

Una universidad española que desea participar en un proyecto de movilidad para estudiantes puede presentar su propuesta directamente a la convocatoria Erasmus+ gestionada por la EACEA, sin pasar por autoridades educativas nacionales.

A continuación, se exponen las diferencias entre ambos tipos de gestión:

Aspecto	Gestión compartida	Gestión directa
Autoridad responsable	Administración nacional/regional	Comisión Europea o agencia ejecutiva
Ámbito	Territorial o nacional	Transnacional o paneuropeo
Acceso	Convocatorias nacionales/regionales	Convocatorias europeas
Procedimientos	Adaptados a contextos nacionales	Uniformes a nivel europeo
Tipo de beneficiarios	Entidades locales, administraciones, empresas, ONGs	Organismos con capacidad operativa internacional

Aunque ambos tipos de fondos pueden coexistir en un mismo territorio o sector, su lógica de intervención, mecanismos de financiación y criterios de elegibilidad son diferentes. La correcta identificación del canal adecuado es el primer paso estratégico en la preparación de un proyecto europeo.

Legislación

- **Reglamento (UE) 2021/1057 por el que se establece el Fondo Social Europeo Plus (FSE+).** Este reglamento agrupa distintas líneas de financiación, incluida la formación, el empleo juvenil, la inclusión social y la educación. Es especialmente relevante en la planificación de proyectos relacionados con empleo y formación continua.
- **Reglamento (UE) 2021/1058 sobre el Fondo Europeo de Desarrollo Regional (FEDER).** Establece los objetivos de cohesión económica, social y territorial, incluyendo inversiones en educación, cultura, innovación y desarrollo regional sostenible.

En el marco del presupuesto plurianual 2021-2027, la Unión Europea ha consolidado varios programas estratégicos que financian proyectos en los ámbitos de la educación, la formación profesional, la juventud, la cultura y los medios audiovisuales. Estos programas son gestionados directamente por la Comisión Europea o a través de agencias nacionales o ejecutivas, y promueven especialmente la cooperación transnacional y la innovación social.

A continuación, se detallan los más relevantes:

A. Erasmus+ (2021–2027)

Es el principal programa de la UE para apoyar la educación, la formación, la juventud y el deporte en Europa.

Fig. 3. Erasmus + cuenta con un presupuesto de más de 26.000 millones de euros para el período actual

Los ejes principales son:

- Movilidad de estudiantes, personal educativo y jóvenes.
- Cooperación entre organizaciones e instituciones.
- Apoyo al desarrollo de políticas e innovación educativa.

Con respecto a los tipos de acciones:

- KA1: Movilidad de las personas por motivos de aprendizaje.
- KA2: Cooperación entre organizaciones e instituciones.
- KA3: Apoyo al desarrollo de políticas y cooperación.

Ejemplo

Un centro de formación profesional puede coordinar un proyecto de movilidad para enviar a su alumnado a realizar prácticas en empresas de otros países europeos.

B. Europa Creativa

Este programa está orientado a apoyar los sectores cultural y creativo. Tiene como objetivo reforzar la diversidad cultural y responder a los retos del sector, incluidos los provocados por la digitalización y la crisis post-COVID.

Los subprogramas son:

- **MEDIA**: Apoyo al cine, televisión y medios digitales europeos.
- **Cultura**: Apoyo a proyectos artísticos y culturales, redes, plataformas e innovación.
- **Intersectorial**: Apoyo a la cooperación entre sectores creativos y al periodismo independiente.

 Anotación

A diferencia de Erasmus+, en Europa Creativa no se financia movilidad educativa sino actividades de creación, coproducción, circulación y formación profesional en el ámbito cultural y mediático.

C. CERV (Ciudadanos, Igualdad, Derechos y Valores)

Este programa tiene como finalidad proteger y promover los derechos y valores de la UE, especialmente en lo relativo a la democracia, la igualdad, la participación ciudadana y la no discriminación.

Sus líneas de intervención son:

- Promoción de la igualdad y la no discriminación.
- Participación ciudadana y compromiso democrático.
- Protección de los derechos fundamentales.

Una ONG puede presentar un proyecto para fomentar la participación cívica de personas jóvenes en zonas rurales a través de actividades formativas y debates públicos.

D. Horizonte Europa (solo en casos relacionados con educación y cultura)

Aunque su foco principal es la investigación e innovación, Horizonte Europa puede financiar proyectos relacionados con tecnologías educativas, competencias digitales, cultura científica o patrimonio cultural digital.

Un consorcio de universidades y empresas tecnológicas puede presentar un proyecto para desarrollar herramientas de inteligencia artificial aplicadas al aprendizaje.

A continuación, se expone un resumen comparativo de los principales programas:

Programa	Ámbito	Tipo de acciones	Beneficiarios habituales
Erasmus+	Educación, formación, juventud y deporte	Movilidad, cooperación, desarrollo de políticas	Centros educativos, FP, universidades, ONGs, administraciones
Europa Creativa	Cultura y medios	Producción cultural, redes, digitalización cultural	Entidades culturales, audiovisuales, creativas
CERV	Ciudadanía y derechos	Participación ciudadana, inclusión, derechos humanos	ONGs, autoridades locales, asociaciones cívicas
Horizonte Europa	I+D+i	Investigación, innovación, desarrollo tecnológico	Universidades, centros de investigación, empresas

La elección del programa adecuado depende del sector, del tipo de actividad prevista, del perfil del beneficiario y del enfoque europeo de la propuesta. Es fundamental analizar detenidamente las guías y prioridades específicas de cada convocatoria.

2. Fuentes de información: encontrar y analizar la información

La Comisión Europea pone a disposición del público diversas plataformas digitales que permiten acceder, analizar y gestionar información sobre programas de financiación, convocatorias abiertas, resultados de proyectos y recursos de apoyo. Estas herramientas son fundamentales para cualquier organización o profesional que desee participar en proyectos europeos.

A continuación, se presentan las principales plataformas oficiales:

A. Funding & Tenders Opportunities Portal

Es la puerta de entrada única para todas las oportunidades de financiación gestionadas directamente por la Comisión Europea.

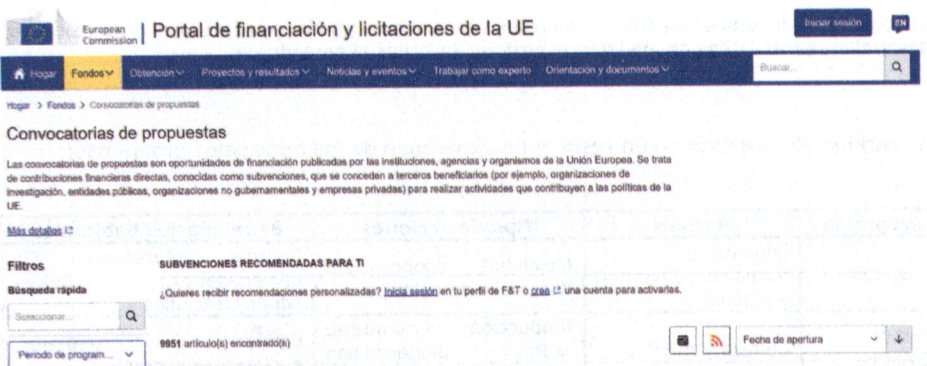

Fig. 4. En el portal de financiación y licitaciones de la UE se pueden encontrar convocatorias de programas como Horizonte Europa, LIFE, CERV, Europa Digital, entre otros

Sus principales funcionalidades son:

- Búsqueda y filtrado de convocatorias por programa, temática, tipo de acción, etc.
- Acceso a documentación oficial: guías, plantillas, formularios.

- Registro de entidades y obtención del número PIC (Participant Identification Code).
- Presentación de propuestas y gestión del ciclo completo del proyecto.
- Herramientas para la búsqueda de socios y formación de consorcios.

Una universidad interesada en participar en un proyecto de investigación puede buscar convocatorias abiertas en Horizonte Europa, descargar la documentación necesaria y presentar su propuesta directamente a través de este portal.

B. Plataforma de Resultados de Erasmus+

Esta plataforma ofrece información detallada sobre los proyectos financiados por el programa *Erasmus+*, incluyendo descripciones, resultados, buenas prácticas y productos intelectuales desarrollados.

Sus utilidades son las siguientes:

- Consultar ejemplos de proyectos exitosos para inspirar nuevas propuestas.
- Identificar posibles socios con experiencia en áreas específicas.
- Acceder a materiales y recursos desarrollados en proyectos anteriores.

Analizar proyectos similares al que se desea presentar puede ayudar a mejorar la calidad y pertinencia de la propuesta.

C. CORDIS (Community Research and Development Information Service)

CORDIS es el principal repositorio de información sobre los proyectos de investigación e innovación financiados por la Unión Europea.

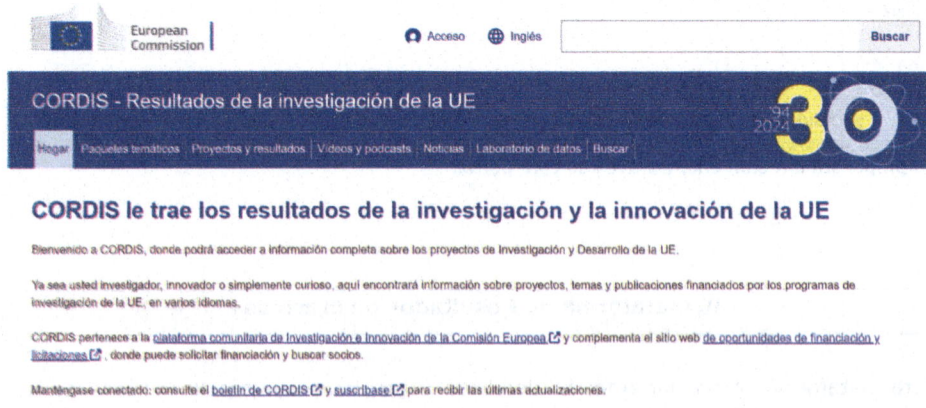

Fig. 5. CORDIS proporciona acceso a resúmenes, resultados, publicaciones y datos técnicos de los proyectos

Sus características destacadas son:

- Búsqueda avanzada por programa, país, organización, temática, etc.
- Acceso a informes finales y publicaciones científicas.
- Información sobre los consorcios participantes y sus roles

CORDIS complementa al Funding & Tenders Portal al ofrecer información detallada sobre los resultados y el impacto de los proyectos financiados.

D. eTwinning

eTwinning es una plataforma que promueve la colaboración entre centros educativos de Europa mediante proyectos en línea.

Fig. 6. eTwinning forma parte del programa Erasmus+ y está dirigida a docentes y personal educativo

Sus funciones principales incluyen:

- Facilitar la creación de proyectos colaborativos entre escuelas.
- Proporcionar herramientas de comunicación y gestión de proyectos.
- Ofrecer oportunidades de desarrollo profesional para docentes.

 **Ejemplo**

Un colegio puede iniciar un proyecto conjunto con otra escuela europea sobre sostenibilidad ambiental utilizando eTwinning como plataforma de colaboración.

E. EPALE (Electronic Platform for Adult Learning in Europe)

EPALE es una comunidad multilingüe para profesionales del aprendizaje de adultos. Ofrece recursos, noticias, eventos y oportunidades de colaboración en el ámbito de la educación de adultos.

Proporciona los siguientes beneficios:

- Acceso a materiales didácticos y buenas prácticas.
- Participación en foros y grupos temáticos.
- Información sobre eventos y oportunidades de formación.

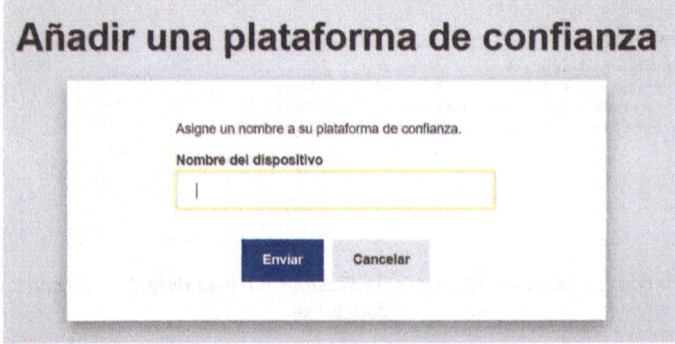

Fig. 7. Para acceder a plataformas como EPALE, es necesario registrar un dispositivo como plataforma de confianza y así garantizar la autenticidad y seguridad en la gestión del proyecto

 **Anotación**

EPALE es especialmente útil para organizaciones que trabajan en la formación de personas adultas y buscan socios o inspiración para nuevos proyectos.

F. School Education Gateway

Es una plataforma dirigida a profesionales de la educación escolar. Proporciona información sobre políticas educativas, prácticas innovadoras, cursos de formación y oportunidades de movilidad.

Los servicios ofrecidos son:

- Catálogo de cursos de formación para docentes.
- Herramientas para buscar socios y oportunidades de movilidad.
- Recursos y artículos sobre innovación educativa.

Ejemplo

Un docente interesado en realizar una estancia formativa en otro país puede encontrar oportunidades y cursos a través de esta plataforma.

G. EU Open Data Portal

Este portal proporciona acceso a una amplia gama de datos publicados por las instituciones y organismos de la UE.

Fig. 8. Los datos pueden ser utilizados para análisis, investigación o como apoyo en la elaboración de propuestas de proyectos

Con respecto a sus aplicaciones prácticas, destacan:

- Análisis de datos estadísticos para justificar la necesidad de un proyecto.
- Identificación de tendencias y áreas prioritarias de intervención.
- Acceso a conjuntos de datos reutilizables para diversos fines.

Utilizar datos oficiales y actualizados fortalece la credibilidad y pertinencia de las propuestas de proyectos.

Se expone un resumen de las plataformas:

Plataforma	Propósito principal	Usuarios objetivo
Funding & Tenders Opportunities Portal	Búsqueda y gestión de convocatorias de financiación	Todas las organizaciones
Plataforma de Resultados de Erasmus+	Consulta de proyectos y resultados de Erasmus+	Instituciones educativas, ONGs, administraciones
CORDIS	Información sobre proyectos de investigación e innovación	Investigadores, universidades, empresas
eTwinning	Colaboración entre centros educativos	Docentes, personal educativo
EPALE	Recursos y colaboración en educación de adultos	Formadores, educadores de adultos
School Education Gateway	Información y oportunidades en educación escolar	Docentes, centros escolares
EU Open Data Portal	Acceso a datos abiertos de la UE	Investigadores, analistas, gestores de proyectos

Estas plataformas son herramientas esenciales para la planificación y ejecución de proyectos europeos. Familiarizarse con ellas y utilizarlas de manera efectiva puede aumentar significativamente las posibilidades de éxito en la obtención de financiación y en la implementación de proyectos alineados con las prioridades de la Unión Europea.

Además de las plataformas oficiales de la Comisión Europea, es imprescindible consultar los recursos disponibles a nivel nacional y en el marco de las redes europeas especializadas. Estos sitios web ofrecen información adaptada al contexto local, convocatorias específicas y asistencia directa para la preparación de propuestas.

legislación

Reglamento (UE) 2018/1725 sobre la protección de datos en las instituciones europeas. Este reglamento complementa el RGPD, pero aplica específicamente a los sitios web y servicios de información gestionados por instituciones de la UE (ej. portales de búsqueda de socios, Funding & Tenders Portal, etc.).

Cada Estado miembro cuenta con agencias nacionales responsables de implementar determinados programas de la UE, como *Erasmus+* o *Cuerpo Europeo de Solidaridad*. En el caso de España, destacan:

Agencia Nacional	Programa / Área	Página web
SEPIE – Servicio Español para la Internacionalización de la Educación	Erasmus+ Educación y Formación	https://www.sepie.es/
INJUVE – Instituto de la Juventud	Erasmus+ Juventud, Cuerpo Europeo de Solidaridad	https://www.injuve.es/
Ministerio de Cultura / Unidad Europa Creativa	Europa Creativa	https://europacreativa.es/

Sus funciones principales son:

- Publicar convocatorias nacionales.
- Proporcionar documentos guía, plantillas y criterios de evaluación.
- Ofrecer asistencia técnica, formación y asesoramiento.

 Anotación

La normativa, plazos y requisitos pueden variar ligeramente respecto a las convocatorias de gestión directa, por lo que es fundamental consultar la página de la agencia correspondiente.

Por otro lado, numerosas redes europeas ofrecen recursos, formación, oportunidades de cooperación y visibilidad para entidades interesadas en participar en proyectos.

Algunas de las más relevantes son:

Red	Sector	Función destacada
Eurodesk	Juventud y movilidad	Información sobre oportunidades europeas para jóvenes
Eurydice	Educación	Información comparada de los sistemas educativos europeos
EURES	Empleo y movilidad laboral	Información sobre empleo y condiciones laborales en Europa
SALTO-YOUTH	Juventud y formación	Recursos formativos y oportunidades en programas de juventud
EPALE	Educación de adultos	Comunidad profesional y base documental multilingüe

Ejemplo

Un ayuntamiento que desee organizar actividades para jóvenes en zonas rurales puede acudir a Eurodesk o SALTO-YOUTH para encontrar socios, recursos metodológicos y convocatorias abiertas.

La participación eficaz en programas europeos requiere estar permanentemente informado sobre nuevas convocatorias, cambios normativos y tendencias temáticas. Para ello, existen diversas herramientas que permiten automatizar la vigilancia informativa y recibir contenidos actualizados en función del perfil del usuario.

Se describen algunas de ellas:

A. Suscripción a boletines informativos

Muchos programas y agencias ofrecen boletines a los que puede suscribirse gratuitamente.

Estos boletines incluyen:

- Convocatorias abiertas y próximas.
- Cambios normativos o de guías de elegibilidad.
- Resultados de proyectos y casos de buenas prácticas.
- Eventos, seminarios y webinarios.

Los boletines destacados son:

- Erasmus+ (SEPIE e INJUVE).
- Europa Creativa (Ministerio de Cultura).
- Funding & Tenders Portal (alertas personalizadas).

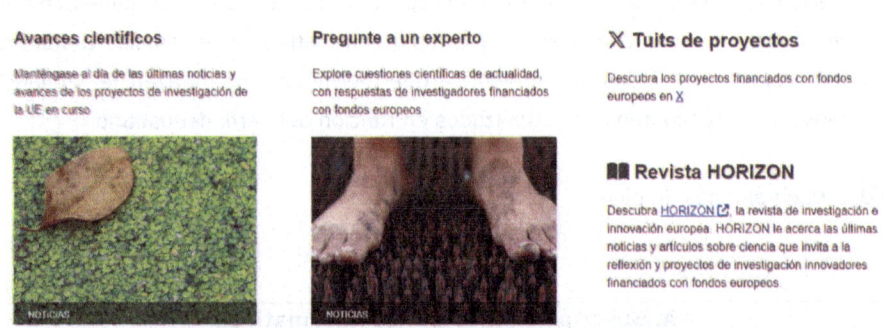

Fig. 9. CORDIS News es otro boletín destacado de resultados y avances científicos

Configurar correctamente las preferencias temáticas permite recibir solo la información relevante para la entidad.

B. Bases de datos temáticas y sectoriales

Estas bases de datos permiten buscar proyectos aprobados, socios experimentados o documentos útiles para la redacción de propuestas. Entre las más destacadas:

Base de datos	Función
Erasmus+ Project Results Platform	Consulta de proyectos financiados por Erasmus+
CORDIS – EU research results	Resultados de investigación de proyectos UE
KEEP (INTERREG projects database)	Información sobre cooperación territorial europea
TED (Tenders Electronic Daily)	Contratación pública en la UE
IATE (Terminología multilingüe de la UE)	Recursos terminológicos para redacción de propuestas

Anotación

Estas bases de datos también sirven para justificar la originalidad del proyecto o identificar sinergias con iniciativas anteriores.

C. Sistemas de alerta y perfiles personalizados

Algunas plataformas permiten configurar perfiles que generan **alertas automáticas** cuando se publica contenido de interés. Estas herramientas reducen el tiempo de búsqueda y mejoran la capacidad de reacción ante convocatorias ajustadas en plazo.

Algunos ejemplos de alertas personalizadas son:

- Funding & Tenders Portal (por programa, fecha o temática).
- Euraxess (empleo e investigación científica).
- EU Newsroom (temas de actualidad e institucionales).

Ejemplo

Una ONG medioambiental puede configurar una alerta en el portal de financiación para recibir notificaciones sobre nuevas convocatorias del programa LIFE.

Estas herramientas permiten realizar una vigilancia estratégica eficaz y mantenerse alineado con las prioridades actuales de la Unión Europea. Combinadas con las plataformas oficiales, las agencias nacionales y las redes, constituyen un ecosistema de información clave para acceder a financiación y mejorar la calidad de las propuestas.

Una vez localizada una convocatoria de interés, es fundamental realizar un análisis técnico riguroso para determinar su idoneidad. Este proceso permite verificar la elegibilidad y también anticipar las exigencias de calidad y adaptar la idea del proyecto a los objetivos de la convocatoria:

- **Lectura estructurada del texto de la convocatoria:** El primer paso consiste en identificar los elementos esenciales del documento base. Estos suelen dividirse en:
  - o Objetivos generales y específicos.
  - o Ámbitos temáticos priorizados.
  - o Tipología de actividades subvencionables.
  - o Perfil de los beneficiarios (quién puede solicitar).
  - o Condiciones de financiación (presupuesto, cofinanciación, duración máxima…).
  - o Criterios de evaluación.
  - o Plazos y procedimientos de solicitud.

 Anotación

A menudo, los programas incluyen prioridades horizontales (como sostenibilidad, igualdad de género o digitalización) que deben integrarse explícitamente en el diseño del proyecto.

- **Técnicas de extracción y síntesis:** Para facilitar la comprensión y el trabajo posterior, es útil crear una ficha técnica de convocatoria, como la siguiente:

Elemento	Contenido
Programa y convocatoria	Erasmus+ KA2 – Cooperación entre organizaciones
Plazo límite	20 de marzo de 2025
Organismo convocante	Comisión Europea – Agencia Ejecutiva EACEA
Objetivos de la convocatoria	Promover innovación y buenas prácticas en educación y formación
Actividades financiables	Desarrollo de herramientas, intercambio de experiencias, formación
Entidades elegibles	Centros educativos, ONGs, universidades, autoridades locales
Cofinanciación	Hasta el 80% de los costes elegibles
Duración del proyecto	De 12 a 36 meses

Ejemplo

Este tipo de fichas ayuda a decidir si la entidad solicitante tiene capacidad de asumir el proyecto y si la idea propuesta encaja plenamente con la convocatoria.

- o **Análisis de criterios de evaluación:** Los criterios suelen clasificarse en varias áreas:
- o **Pertinencia del proyecto** (adecuación a prioridades, impacto esperado...).
- o **Calidad del diseño** (coherencia, metodología, planificación, indicadores).
- o **Calidad del equipo y cooperación** (perfil de los socios, distribución de tareas).
- o **Impacto y sostenibilidad** (difusión, transferencia, continuidad).

Estos criterios deben reflejarse explícitamente en el proyecto. Si no hay un encaje claro desde el principio, es preferible buscar otra convocatoria.

- **Revisión de experiencias anteriores:** Consultar proyectos previamente financiados en convocatorias similares puede servir para:
  - o Identificar estándares de calidad.
  - o Detectar enfoques exitosos y valorados.
  - o Evitar duplicidades o propuestas ya ejecutadas.

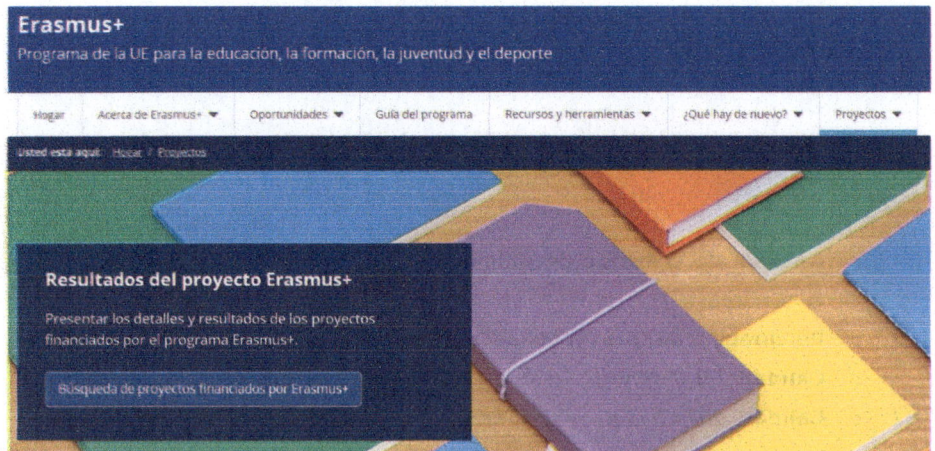

Fig. 10. Plataformas como la Erasmus+ Project Results Platform o CORDIS permiten realizar el análisis

Por otra parte, no toda la información disponible en internet o difundida por redes es útil para la elaboración de un proyecto europeo. Es necesario desarrollar una capacidad crítica para seleccionar fuentes confiables, pertinentes y vigentes.

La información seleccionada debe:

- Estar alineada con los objetivos del proyecto.
- Ser específica del ámbito temático o sectorial.
- Tener aplicabilidad práctica en el diseño de la propuesta.

 Ejemplo

Un estudio de necesidades formativas de 2018 puede no ser adecuado para justificar un proyecto educativo en 2025 si existen datos más recientes.

La fiabilidad depende del origen y la metodología de la fuente. Se consideran más fiables:

- Publicaciones de la Comisión Europea y sus agencias.

- Datos de organismos estadísticos oficiales (Eurostat, INE...).
- Estudios publicados por universidades o centros de investigación reconocidos.
- Proyectos ya aprobados y auditados por la UE.

Se debe evitar basar propuestas en:

- Blogs no institucionales.
- Opiniones sin referencias verificables.
- Fuentes con conflictos de interés evidentes.

Por otro lado, el marco político y estratégico de la UE cambia periódicamente, por lo que conviene:

- Verificar siempre la fecha de publicación del documento.
- Confirmar si existe una versión más reciente.
- Comprobar la vigencia del programa o prioridad temática.

Utilizar información obsoleta puede debilitar la propuesta y generar incoherencias con la convocatoria actual.

Algunas herramientas para aplicar la evaluación crítica pueden ser:

Aspecto a comprobar	Recomendación
Fecha de publicación	Usar fuentes de los últimos 3-4 años, salvo estudios estructurales.
Autoría	Priorizar instituciones oficiales o académicas.
Citación y referencias	Comprobar si se citan otras fuentes confiables.
Contexto	Verificar que los datos se aplican al territorio y sector correspondientes.

Estas técnicas permiten construir una base documental sólida, argumentar con eficacia las necesidades del proyecto y aumentar las probabilidades de éxito ante los evaluadores.

3. La idea del proyecto

Una buena idea es el núcleo estructurador de todo proyecto europeo. No basta con que sea interesante o innovadora: debe ser pertinente, viable, coherente con las prioridades europeas y capaz de transformar una necesidad real en resultados tangibles. La formulación correcta de la idea inicial permitirá construir una propuesta sólida y alineada con los criterios de evaluación exigidos por la Comisión Europea o sus agencias gestoras.

Todo proyecto debe partir de una necesidad concreta, ya sea detectada en una comunidad, sector, grupo objetivo o territorio. Esta necesidad debe estar claramente descrita, documentada y contextualizada.

Las fuentes habituales para la detección de necesidades son:

- Diagnósticos internos (evaluaciones previas, encuestas de satisfacción...).
- Análisis de políticas públicas europeas y nacionales.
- Contacto directo con los beneficiarios o usuarios finales.
- Resultados de proyectos anteriores o sinergias no cubiertas.

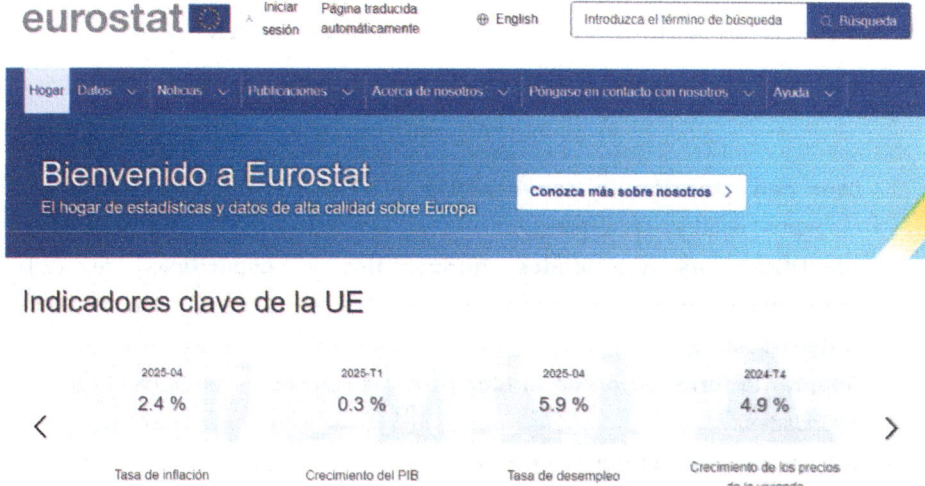

Fig. 11. Estudios sectoriales y datos estadísticos, como Eurostat e INE, son también fuentes de detección de necesidades

Una entidad de formación identifica que el alumnado adulto con baja cualificación tiene dificultades para acceder al mercado laboral digitalizado. Esta necesidad se refleja también en estadísticas regionales y en las prioridades del FSE+.

La necesidad debe formularse con claridad, concisión y respaldo documental, explicando:

- Qué problema se aborda.
- A quién afecta y en qué medida.
- Qué consecuencias tiene si no se interviene.
- Qué lagunas existen en las respuestas actuales.

Un proyecto no debe crear la necesidad, sino dar respuesta a una ya existente y objetivable. La idea debe surgir de un análisis de contexto, no de una ocurrencia aislada.

Una idea de proyecto puede ser muy valiosa localmente, pero no será financiada si no está alineada con los objetivos del programa europeo al que se presenta.

Los pasos para asegurar la alineación son los siguientes:

1. **Leer con atención la convocatoria** y su marco estratégico (guía del programa, políticas sectoriales...).
2. **Identificar las prioridades horizontales o específicas** de cada convocatoria (inclusión social, igualdad de género, digitalización, sostenibilidad...).
3. **Adaptar la formulación de la idea** para que responda explícitamente a esas prioridades.
4. **Utilizar el lenguaje del programa**, retomando conceptos clave utilizados por la UE.

Es útil hacer un cuadro de correspondencia entre los objetivos del programa y los del proyecto, para demostrar coherencia:

Prioridad del programa	Respuesta del proyecto
Mejora de la empleabilidad juvenil	Desarrollo de competencias digitales mediante formación práctica
Inclusión social de colectivos vulnerables	Actividades dirigidas a jóvenes con baja cualificación en entornos rurales
Innovación en metodologías de enseñanza	Uso de plataformas gamificadas en formación no reglada

Además, una idea debe concretarse en objetivos claros, que sirvan como punto de partida para el diseño del plan de trabajo. La formulación de estos objetivos debe respetar criterios de coherencia, pertinencia y evaluabilidad.

Los tipos de objetivos son:

- **Objetivo general**: expresa la finalidad global del proyecto, su contribución estratégica a una necesidad o problema.
- **Objetivos específicos**: representan los resultados intermedios necesarios para alcanzar el objetivo general. Son más concretos, medibles y operativos.

Ejemplo

Por ejemplo:

- **Objetivo general:** Mejorar la inserción laboral de jóvenes desempleados a través de la adquisición de competencias digitales básicas.
- **Objetivo específico 1:** Diseñar un curso online interactivo sobre herramientas ofimáticas y marketing digital.
- **Objetivo específico 2:** Realizar 3 ediciones piloto del curso en colaboración con centros educativos locales.
- **Objetivo específico 3:** Evaluar el impacto formativo mediante cuestionarios y seguimiento de inserción.

Algunas recomendaciones para formular objetivos pueden ser las siguientes:

- Utilizar verbos de acción (mejorar, aumentar, reducir, desarrollar…).
- Evitar vaguedades (no usar "concienciar" o "fomentar" sin operativización).
- Asegurar que sean SMART: específicos, medibles, alcanzables, realistas y con un plazo definido.

Los objetivos deben ser coherentes entre sí, y deben relacionarse con indicadores verificables en la fase de seguimiento y evaluación.

Una vez definidos los objetivos, es necesario determinar qué se espera obtener como consecuencia directa del proyecto. Estos resultados esperados deben ser concretos, realistas y evaluables, pues son el reflejo de la eficacia del diseño y de su ejecución.

Los tipos de resultados son:

- **Resultados tangibles (*outputs*):** productos concretos, normalmente medibles en cantidad, entregables o visibles. Ejemplos: una guía metodológica, una plataforma digital, 5 talleres realizados, 120 personas formadas.

- **Resultados intangibles (*outcomes*):** cambios de comportamiento, adquisición de conocimientos, mejora de capacidades, nuevas competencias.

Ejemplos: aumento de la empleabilidad, mejora del rendimiento educativo, cambio en actitudes hacia la sostenibilidad.

- **Resultado tangible:** desarrollo de una app de orientación laboral para jóvenes.
- **Resultado intangible:** aumento de la autoconfianza y motivación de los participantes en búsqueda de empleo.

Por su parte, los indicadores son herramientas que permiten medir el grado de cumplimiento de los objetivos y resultados previstos. Cada indicador debe tener una fuente de verificación clara y una meta cuantitativa o cualitativa.

Las características de los indicadores son las siguientes:

- Claros y específicos.
- Cuantificables cuando sea posible.
- Relevantes para el objetivo que miden.
- Temporales (vinculados a una fase o momento del proyecto).

Objetivo específico	Indicador asociado	Fuente de verificación
Formar a jóvenes en competencias digitales	100 jóvenes completan el curso	Listados de asistencia y certificados
Mejorar la empleabilidad de los participantes	40% accede a empleo o prácticas en 6 meses	Encuestas de seguimiento, entrevistas
Transferir el modelo a otras entidades	3 nuevas organizaciones lo replican en su territorio	Informes de diseminación y adhesiones

Es conveniente definir los indicadores en la fase de planificación para integrarlos en el sistema de evaluación del proyecto desde el principio.

Por otra parte, la viabilidad y la sostenibilidad son aspectos esenciales a la hora de presentar una propuesta a programas europeos. No basta con que la idea sea pertinente: debe poder llevarse a cabo y tener impacto más allá del período de financiación.

La viabilidad del proyecto se refiere a la capacidad real de ejecución del proyecto en función de los recursos disponibles, el equipo, los plazos y los riesgos. Sus elementos son:

- Recursos humanos cualificados y con experiencia.
- Presupuesto coherente y bien estructurado.
- Planificación realista de actividades y tiempos.
- Evaluación previa de riesgos y planes de contingencia.
- Capacidad organizativa y técnica de los socios.

La propuesta debe demostrar que el consorcio tiene experiencia y capacidad suficiente para ejecutar lo que plantea, y que no se basa en estimaciones genéricas o intenciones sin respaldo.

Con respecto a la sostenibilidad del proyecto, hace referencia a la continuidad del impacto del proyecto una vez finalizada la financiación europea. Las dimensiones de la sostenibilidad son:

- **Sostenibilidad institucional**: integración de los resultados en las prácticas habituales de las entidades participantes.
- **Sostenibilidad económica**: disponibilidad de fondos propios, alianzas o mecanismos de financiación futura.
- **Sostenibilidad técnica**: mantenimiento y actualización de plataformas, productos o herramientas.
- **Sostenibilidad social**: apropiación de los resultados por parte de los grupos destinatarios o de la comunidad.

Ejemplo

Si el proyecto desarrolla una herramienta digital, debe prever cómo se alojará, quién la actualizará y cómo se garantizará su uso tras la finalización.

Resultado del proyecto	Acción prevista para su sostenibilidad
Plataforma formativa online	Integración en el aula virtual de los socios
Guía de buenas prácticas	Difusión continua y uso en programas de formación internos
Red de centros educativos	Formalización como red colaborativa post-proyecto

Demostrar que el proyecto puede mantenerse, crecer o ser replicado es un aspecto muy valorado en la evaluación de propuestas europeas.

4. El proceso de planificación del proyecto

La planificación es una fase estructural del ciclo de vida de los proyectos europeos. No se trata solo de redactar una propuesta, sino de diseñar de forma estratégica y colaborativa un conjunto de acciones que den respuesta a necesidades reales, cumplan con los requisitos de la convocatoria y permitan alcanzar impactos sostenibles.

Este proceso incluye una serie de pasos que van desde la generación de la idea hasta la presentación del formulario final:

A. Fases de planificación: desde la idea al formulario

El desarrollo de un proyecto europeo pasa habitualmente por las siguientes etapas:

Fase	Descripción
Generación de la idea	Detección de necesidades, formulación inicial y análisis de viabilidad.
Búsqueda de convocatoria	Identificación del programa más adecuado y lectura detallada de la guía.
Formación del consorcio	Contacto y selección de socios potenciales, definición de roles y compromisos.
Diseño técnico del proyecto	Redacción de objetivos, actividades, cronograma, resultados, impacto...
Construcción del presupuesto	Estimación de costes, distribución por socio, justificación de recursos.
Redacción del formulario	Adaptación a la estructura y lenguaje de la convocatoria.
Revisión y envío	Control de calidad, validación interna, entrega dentro del plazo.

Anotación

Algunas entidades realizan una fase previa de prepropuesta, especialmente en proyectos complejos o consorciados, para validar la viabilidad general antes de iniciar la redacción completa.

B. Técnicas de planificación participativa

Los proyectos europeos suelen ser el resultado de la colaboración entre múltiples entidades. La planificación participativa garantiza una mayor implicación, mejor reparto de tareas y alineación entre los intereses de todos los actores.

Los métodos utilizados pueden ser:

- **Workshops de cocreación** (presenciales o virtuales).
- **Tormenta de ideas guiada** con plantilla de propuesta.
- **Mapas de actores y análisis de interés-capacidad.**
- **Plataformas colaborativas** (Trello, Notion, Google Drive, herramientas de gestión de proyectos).

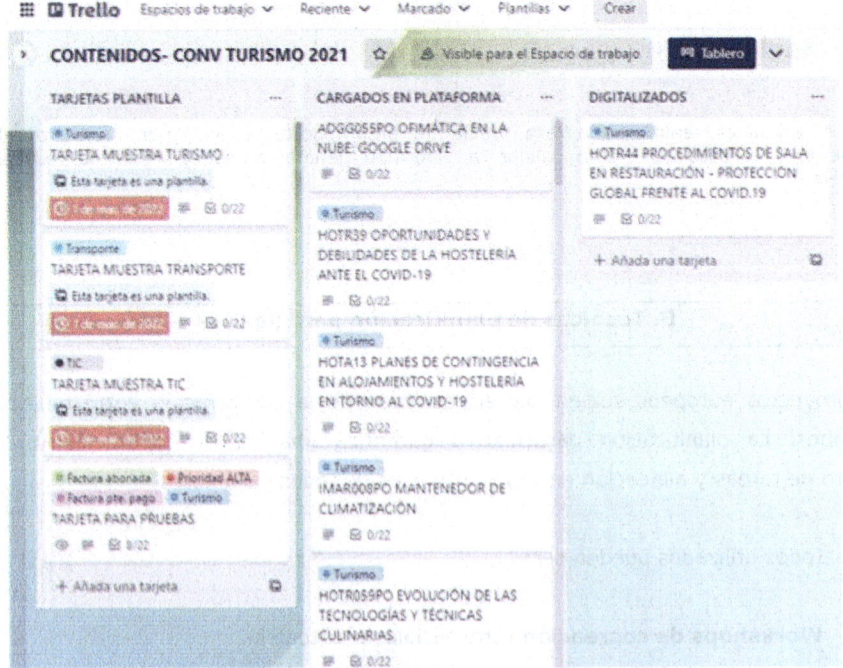

Fig. 12. Trello es una de las principales plataformas colaborativas utilizadas en la gestión de proyectos, facilitando la organización de tareas y el trabajo en equipo en entornos digitales

Ejemplo

Para diseñar un proyecto Erasmus+ KA2, una red de centros de formación organiza una sesión virtual con sus socios para definir conjuntamente el título del proyecto, los objetivos específicos y los resultados intelectuales.

Como beneficios, destacan:

- Refuerza el compromiso de los socios.
- Permite identificar fortalezas y recursos compartidos.
- Mejora la calidad y coherencia de la propuesta.

C. Herramientas de estructuración del proyecto (árbol de problemas, marco lógico...)

Para organizar de forma coherente las ideas y dar estructura al proyecto, se emplean herramientas visuales y metodológicas que facilitan la planificación estratégica.

1. **Árbol de problemas.** Permite visualizar las causas y consecuencias del problema principal detectado, ayudando a definir los objetivos del proyecto de forma lógica.
   - **Problema central** (tronco).
   - **Causas subyacentes** (raíces).
   - **Efectos o consecuencias** (ramas).

   Convertir el "árbol de problemas" en un "árbol de objetivos" permite formular de manera clara los objetivos específicos y generales.

2. **Marco lógico:** Es una herramienta importante en proyectos europeos que facilita la planificación, seguimiento y evaluación del proyecto. Se estructura en una matriz con los siguientes elementos:

Nivel	Indicadores	Medios de verificación	Supuestos/Riesgos
Objetivo general			
Objetivos específicos			
Resultados esperados			
Actividades			

Ejemplo

Si un objetivo específico es "aumentar la participación de mujeres en cursos TIC", un resultado esperable será "diseño y ejecución de un curso piloto", y una actividad concreta será "convocatoria y difusión entre colectivos destinatarios".

D. Elaboración del cronograma y presupuesto preliminar

Una parte clave de la planificación consiste en definir los tiempos y los recursos económicos que se asignarán a cada fase del proyecto.

1. **Diagrama o cronograma (Gantt).**

   El cronograma debe detallar:

   o Actividades por paquete de trabajo o bloque temático.

   o Fechas de inicio y fin.

   o Hitos (milestones) y entregables.

   o Responsables de ejecución.

 Anotación

Es conveniente incorporar márgenes de seguridad para actividades críticas o sujetas a factores externos.

2. **Presupuesto preliminar.**

   Debe construirse a partir de:

   o Costes reales estimados (horas/persona, viajes, materiales...).

   o Criterios de elegibilidad y límites por partida (según la convocatoria).

   o Reparto entre socios y justificación de las cantidades solicitadas.

Partida	Cantidad estimada (€)	Justificación
Personal técnico	18.000	Coordinación y ejecución de actividades
Viajes y alojamiento	7.500	Reuniones transnacionales y formaciones
Materiales didácticos	3.000	Producción de guías y recursos
Costes indirectos	10%	Gastos generales asociados

E. Revisión técnica y adecuación a la convocatoria

Antes de enviar la propuesta, es imprescindible realizar una revisión técnica exhaustiva para verificar su calidad, coherencia y cumplimiento formal.

Los elementos a revisar son:

- Coherencia entre objetivos, actividades y resultados.
- Claridad en el lenguaje y la redacción.
- Uso correcto de indicadores y referencias.
- Adecuación al estilo, estructura y criterios de la convocatoria.
- Verificación de que todos los anexos y documentos requeridos están incluidos.

Con respecto a la revisión cruzada, se debe:

- Involucrar a un revisor externo o a un miembro del equipo no implicado en la redacción principal.
- Utilizar listas de comprobación proporcionadas por la propia convocatoria.

Algunos programas, como Erasmus+, ofrecen rúbricas de evaluación. Utilizarlas como lista de comprobación ayuda a anticipar el juicio del evaluador.

5. El ciclo de vida de los proyectos europeos y sus elementos básicos (paquetes de trabajo, actividades, entregables, hitos, productos, etc.)

El ciclo de vida de un proyecto europeo comprende el conjunto de fases que se suceden desde la formulación de la idea inicial hasta la evaluación final y el cierre administrativo del mismo. Este enfoque permite garantizar la coherencia, el control y la sostenibilidad del proyecto, y sirve de marco común para todas las partes implicadas (promotores, socios, financiadores y beneficiarios).

El ciclo de vida estándar de un proyecto europeo incluye las siguientes etapas:

Fase	Descripción
Iniciación	Identificación del problema o necesidad, generación de la idea y análisis previo.
Formulación	Definición de objetivos, actividades, resultados esperados y presupuesto.
Evaluación ex ante	Revisión previa por parte de los financiadores, según criterios de calidad y viabilidad.
Implementación	Ejecución del proyecto: actividades, seguimiento, control financiero y técnico.
Seguimiento y evaluación	Medición del progreso y del impacto mediante indicadores.
Cierre y justificación	Presentación del informe final, auditoría y difusión de resultados.

Aunque las fases tienen una secuencia lógica, muchas de ellas se solapan en el tiempo, especialmente en proyectos de larga duración y con múltiples socios.

legislación

Reglamento (UE) 2021/241 por el que se establece el Mecanismo de Recuperación y Resiliencia (MRR). Aunque centrado en reformas e inversiones tras la COVID-19, incluye líneas específicas para digitalización, transición verde y mejora de competencias, que pueden integrarse en propuestas educativas y culturales.

Una buena planificación y ejecución requiere dividir el proyecto en unidades funcionales y operativas. Estos elementos permiten organizar el trabajo, repartir responsabilidades y facilitar el seguimiento por parte de los evaluadores.

A. Paquetes de trabajo (Work Packages – WPs)

Los paquetes de trabajo son bloques temáticos o funcionales que agrupan un conjunto coherente de actividades. Cada WP tiene un responsable (líder de WP), unos objetivos específicos, unos entregables y un cronograma propio.

Ejemplo de WPs en un proyecto de formación digital
WP1 – Coordinación general del proyecto
WP2 – Análisis de necesidades y contexto
WP3 – Desarrollo de la plataforma de formación
WP4 – Piloto y validación
WP5 – Diseminación y sostenibilidad

Ejemplo

En un proyecto Erasmus+, WP3 podría incluir el diseño de contenidos, la programación de la plataforma y el testeo técnico.

B. Actividades

Las actividades son las tareas concretas necesarias para alcanzar los resultados de cada paquete de trabajo. Deben estar claramente descritas, ser realistas y tener asignado un responsable y una duración definida.

Los tipos comunes de actividades son:

- Reuniones de coordinación.
- Estudios de necesidades.
- Desarrollo de materiales didácticos.
- Formación de formadores.
- Eventos multiplicadores.

Cada actividad debe contribuir a un objetivo concreto del proyecto y generar al menos un entregable o resultado verificable.

C. Entregables (Deliverables)

Los entregables son los **productos concretos** que deben producirse a lo largo del proyecto. Son materiales, documentos, informes o herramientas cuya entrega está prevista en un plazo determinado y que deben poder auditarse.

Ejemplo de entregables	Asociado a
Informe de diagnóstico	WP2 – Análisis de necesidades
Plataforma de formación	WP3 – Desarrollo técnico
Manual metodológico	WP4 – Formación y validación
Plan de comunicación y difusión	WP5 – Diseminación

Los entregables deben estar especificados en la propuesta con una descripción clara, una fecha de entrega y una entidad responsable.

D. Hitos (Milestones)

Los hitos son **puntos clave de control** que permiten verificar el avance del proyecto. Marcan la finalización de una fase relevante o la consecución de un logro estratégico.

Ejemplo de hitos	Significado
M1 – Finalización del diseño curricular	El contenido está listo para su implementación.
M2 – Realización del piloto formativo	Se ha llevado a cabo la primera edición del curso.
M3 – Reunión transnacional de evaluación	El equipo analiza resultados intermedios y ajusta el plan.

Ejemplo

En la plataforma Funding & Tenders, los hitos deben declararse expresamente para poder ser valorados durante el seguimiento del proyecto.

Fig. 13. Un hito (milestone) es un punto de control importante que indica el final de una fase o la consecución de un entregable relevante

E. Productos

Se entiende por productos los resultados tangibles finales del proyecto, entendidos como materiales, herramientas, servicios o innovaciones transferibles a otros contextos.

Algunas de las principales características de los productos son:

- Ser útiles más allá del proyecto (transferibilidad).
- Aportar valor añadido frente a lo existente.
- Estar diseñados para perdurar (sostenibilidad).
- Incluir guías de uso o implementación.

Los productos deben formar parte del plan de diseminación y estar disponibles para el público o los grupos objetivo definidos en la propuesta.

6. Problemas que pueden surgir y estrategias para anticiparlos y/o resolverlos

Aunque los proyectos europeos se planifican con precisión, es habitual que surjan dificultades imprevistas durante su diseño y presentación. Anticipar estos problemas y contar con estrategias de respuesta adecuadas es una competencia importante en la gestión de proyectos europeos.

Esta última sección de la unidad pone el foco en los riesgos de planificación, las herramientas de análisis preventivo y las dinámicas de resolución de conflictos más eficaces.

Durante la fase de planificación, algunas de las dificultades más habituales son:

- **Elección inadecuada de los socios:**
  - Socios poco implicados o que aceptan por compromiso, pero sin capacidad real de trabajo.
  - Falta de experiencia previa en proyectos europeos.
  - Desequilibrio entre socios en términos de responsabilidad o capacidad técnica.

Ejemplo

Incluir un socio sin trayectoria en gestión de fondos europeos puede ralentizar la redacción o generar errores administrativos si no se le apoya adecuadamente.

- **Objetivos poco realistas o mal definidos:**
  - Planteamientos demasiado ambiciosos para el plazo o presupuesto disponible.
  - Objetivos vagos, sin conexión directa con las prioridades de la convocatoria.
  - Confusión entre objetivos, actividades y resultados.

- **Problemas de comunicación interna:**
  o Falta de canales claros para compartir documentación y tareas.
  o Descoordinación entre socios durante la redacción de la propuesta.
  o Malentendidos sobre el reparto de responsabilidades o la cofinanciación.

- **Errores administrativos y formales:**
  o Formularios incompletos o fuera de plazo.
  o Documentación obligatoria ausente o mal cumplimentada.
  o Incumplimiento de los requisitos específicos de la convocatoria (límites de páginas, formato, anexos...).

 Anotación

Muchos proyectos técnicamente buenos son rechazados por errores formales o falta de claridad en la redacción.

El análisis de riesgos es una práctica preventiva que permite identificar y clasificar posibles amenazas que pueden afectar al éxito del proyecto y diseñar medidas para mitigarlas.

Los pasos del análisis de riesgos son los siguientes:

1. **Identificación de riesgos potenciales**: internos (propios del equipo o de la propuesta) y externos (cambios políticos, retrasos en convocatorias...).
2. **Valoración del riesgo**: estimar su *probabilidad de ocurrencia* y su *grado de impacto*.
3. **Plan de contingencia**: diseñar acciones preventivas y alternativas en caso de que el riesgo se materialice.

Riesgo	Probabilidad	Impacto	Medida preventiva / respuesta
Retraso en entrega de tareas	Alta	Alto	Establecer cronograma con márgenes y recordatorios
Falta de claridad en la redacción	Media	Medio	Revisión externa y validación cruzada entre socios
Cambios en normativa del programa	Baja	Alto	Seguimiento de fuentes oficiales y adaptación rápida

Incluir un análisis de riesgos en la propuesta mejora la puntuación en criterios de calidad y refuerza la confianza del evaluador.

Además, la preparación de un proyecto europeo implica colaboración entre entidades con culturas organizativas, prioridades y ritmos de trabajo distintos. Por ello, es esencial disponer de mecanismos eficaces para prevenir y gestionar conflictos que puedan surgir durante la fase de diseño.

Se describen algunas de las técnicas y herramientas más eficaces:

1. **Acuerdos iniciales por escrito (preacuerdo o Memorando de Entendimiento)**. Establecen las normas básicas de colaboración: reparto de tareas, compromiso de participación, plazos y canales de comunicación.

2. **Designación de un coordinador operativo**. Persona o entidad encargada de mediar entre los socios y facilitar el flujo de información, especialmente útil en la etapa de redacción del formulario.

3. **Plataformas colaborativas de trabajo**. Herramientas como Google Drive, Notion, Trello o MS Teams facilitan el control de versiones, los calendarios compartidos y la documentación común.

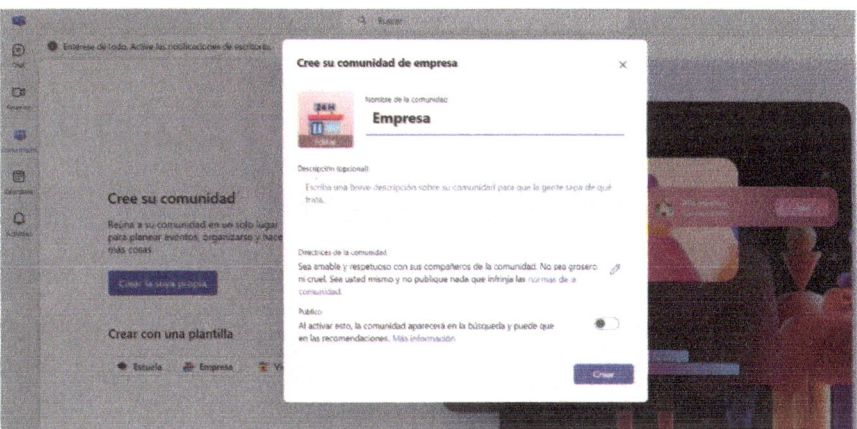

Fig. 14. Herramientas como Microsoft Teams permiten crear comunidades virtuales para mejorar la coordinación entre los socios de un proyecto europeo y facilitar la comunicación continua

4. **Métodos de mediación informal**. En caso de desacuerdo entre socios, la figura del coordinador puede facilitar reuniones bilaterales o dinámicas de mediación para recuperar la cohesión.

5. **Escucha activa y toma de decisiones consensuada**. Favorecer la participación equitativa de todos los miembros y crear espacios seguros para expresar dudas o sugerencias.

Ejemplo

Ante un conflicto sobre el reparto de presupuesto, puede proponerse una revisión basada en la proporcionalidad de tareas asumidas por cada socio, negociada en una reunión virtual.

Contar con un enfoque preventivo, flexible y estructurado frente a los problemas más frecuentes permite mejorar las probabilidades de éxito de la propuesta y establecer las bases de una cooperación sólida y duradera entre los socios del proyecto.

Resumen

La planificación es la fase inicial y más estratégica dentro del ciclo de vida de un proyecto europeo. En esta etapa se define la idea principal, se identifican las necesidades que se pretende abordar, se escoge la convocatoria adecuada y se estructura la propuesta conforme a los criterios del programa financiador. Una buena planificación permite maximizar el impacto del proyecto y aumentar las posibilidades de obtener financiación. Además, garantiza que la ejecución posterior se base en objetivos claros, actividades viables y una estructura de gestión eficaz.

Existen diferentes programas de financiación europea, especialmente en los ámbitos de la educación, la formación y la cultura. Entre ellos destacan *Erasmus+*, *Europa Creativa*, *CERV* o *Horizonte Europa*, cada uno con sus propias prioridades y tipos de acción. Estos programas pueden gestionarse de forma directa por la Comisión Europea o mediante gestión compartida con autoridades nacionales. Para localizar convocatorias y analizar proyectos anteriores, se utilizan plataformas oficiales como el *Funding & Tenders Portal*, la *Plataforma de Resultados Erasmus+* o *CORDIS*, así como páginas web de agencias nacionales como SEPIE o redes europeas especializadas.

Una vez identificada una necesidad relevante, debe transformarse en una idea de proyecto clara, alineada con los objetivos del programa y justificada con datos actuales y fiables. La formulación de objetivos debe seguir el criterio **SMART** (específicos, medibles, alcanzables, realistas y temporales) y diferenciar entre objetivos generales y específicos. A partir de estos objetivos, se definen los resultados esperados (tangibles e intangibles), así como los indicadores que permitirán medir su cumplimiento y el impacto del proyecto. Es esencial garantizar que la propuesta sea viable técnicamente y sostenible una vez finalizada la financiación europea.

El proceso de planificación incluye varias fases: desde la generación de la idea hasta la presentación del formulario. Durante este recorrido, se recomienda aplicar técnicas de planificación participativa, involucrando a todos los socios desde el principio y utilizando herramientas colaborativas. Para estructurar adecuadamente el contenido del proyecto, se utilizan metodologías como el árbol de problemas y el marco lógico, que ayudan a organizar objetivos, actividades, resultados y riesgos. También deben elaborarse un cronograma detallado y un presupuesto preliminar realista y coherente con las actividades propuestas.

En los proyectos europeos es habitual dividir el trabajo en paquetes de trabajo (Work Packages), que agrupan actividades relacionadas, con entregables e hitos asociados. Cada paquete tiene un responsable, plazos concretos y resultados esperados. Además, se deben prever productos finales transferibles, útiles para el entorno o sector del proyecto, y asegurar mecanismos de seguimiento y evaluación interna. El ciclo de vida completo del proyecto incluye fases como iniciación, formulación, implementación, seguimiento, evaluación y cierre.

Durante la planificación pueden surgir distintos problemas: falta de claridad en los objetivos, socios inadecuados, errores formales o fallos de comunicación. Para enfrentarlos, es importante realizar un análisis de riesgos que identifique amenazas potenciales, evaluarlas por impacto y probabilidad, y definir medidas de contingencia. También conviene establecer dinámicas claras de resolución de conflictos, como acuerdos de colaboración iniciales, coordinación efectiva y toma de decisiones consensuada. La planificación no garantiza el éxito del proyecto, pero es la condición imprescindible para que todo lo demás funcione.

Glosario

Adicionalidad

Principio por el cual la financiación europea no sustituye fondos nacionales, sino que los complementa para lograr un mayor impacto.

Agencia Nacional

Entidad designada por cada Estado miembro para gestionar, asesorar y ejecutar programas europeos de gestión descentralizada, como Erasmus+.

Análisis de riesgos

Proceso de identificación, valoración y planificación de medidas ante posibles problemas que puedan afectar negativamente al desarrollo del proyecto.

Árbol de problemas / Árbol de objetivos

Herramienta de planificación que permite analizar causas y consecuencias de una necesidad, y transformarlas en objetivos concretos.

Boletines informativos

Publicaciones periódicas de programas o agencias que ofrecen novedades, convocatorias y recursos sobre financiación europea.

Ciclo de vida del proyecto

Conjunto de fases que atraviesa un proyecto desde su concepción hasta su cierre: planificación, ejecución, seguimiento, evaluación y justificación.

Convocatoria

Anuncio oficial por el cual un programa europeo abre un proceso competitivo para seleccionar proyectos que serán financiados.

Criterios de evaluación

Aspectos que valoran las agencias financiadoras al seleccionar proyectos (pertinencia, impacto, sostenibilidad, coherencia...).

Deliverables (Entregables)

Resultados concretos, medibles y verificables del proyecto, que deben entregarse en plazos definidos (ej.: manuales, informes, plataformas...).

EACEA

Agencia Ejecutiva Europea de Educación y Cultura, responsable de gestionar programas como Erasmus+, Europa Creativa o CERV.

Erasmus+ Results Platform

Base de datos pública que permite consultar proyectos aprobados, resultados y productos del programa Erasmus+.

Funding & Tenders Portal

Portal web de la Comisión Europea para acceder a convocatorias de financiación directa, presentar propuestas y gestionar proyectos.

Gestión compartida

Modelo de financiación en el que los fondos europeos se ejecutan en colaboración con administraciones nacionales o regionales.

Gestión directa

Modelo de financiación en el que la Comisión Europea o una agencia ejecutiva gestiona directamente los fondos y la evaluación de proyectos.

Hitos (Milestones)

Puntos clave que marcan momentos estratégicos del desarrollo del proyecto (ej.: finalización de una fase, entrega de un producto...).

Indicadores

Herramientas de medición que permiten valorar el grado de cumplimiento de los objetivos y resultados previstos.

Marco lógico

Matriz de planificación que relaciona objetivos, resultados, actividades, indicadores, medios de verificación y supuestos.

Objetivos específicos

Resultados intermedios y concretos que se deben lograr para alcanzar el objetivo general del proyecto.

Paquete de trabajo (Work Package – WP)

Bloque temático de actividades dentro del proyecto, con un objetivo común, responsable asignado y entregables definidos.

Plataformas colaborativas

Herramientas digitales (como Trello, Google Drive o Teams) que facilitan el trabajo conjunto entre socios durante la planificación.

Producto

Resultado tangible del proyecto con valor duradero y potencial de transferencia a otros contextos (ej.: una herramienta digital, un currículo formativo...).

Revisión técnica

Proceso de verificación final para asegurar la calidad, coherencia y cumplimiento formal del formulario antes de su envío.

Sostenibilidad

Capacidad del proyecto para mantener sus efectos y productos una vez finalizada la financiación europea.

Técnicas de resolución de conflictos

Métodos utilizados para prevenir o gestionar desacuerdos entre socios durante la preparación del proyecto (ej.: mediación, acuerdos previos, roles claros...).

Viabilidad

Posibilidad real de ejecutar el proyecto con los recursos, competencias y plazos disponibles.

Ejercicios de autoevaluación

1. **¿Cuál de los siguientes programas está destinado principalmente a la cooperación en educación, formación, juventud y deporte?**

   a. Horizonte Europa.

   b. Europa Creativa.

   c. CERV.

   d. Erasmus+.

2. **El principio de adicionalidad en la financiación europea significa que:**

   a. La UE asume todos los costes del proyecto.

   b. Los fondos europeos sustituyen los nacionales.

   c. La financiación europea complementa los recursos existentes.

   d. No se necesita justificar los gastos.

3. **¿Qué tipo de gestión se caracteriza por la participación directa de las autoridades nacionales o regionales?**

   a. Gestión interna.

   b. Gestión indirecta.

   c. Gestión compartida.

   d. Gestión delegada.

4. **¿Cuál de las siguientes plataformas permite presentar propuestas a programas como LIFE o Horizonte Europa?**

   a. EPALE.

   b. CORDIS.

   c. Erasmus+ Results.

   d. Funding & Tenders Portal.

5. El árbol de problemas es una herramienta útil para:

    a. Justificar el presupuesto.

    b. Definir indicadores.

    c. Identificar causas y efectos de una necesidad.

    d. Calcular riesgos financieros.

6. ¿Qué elemento se considera un entregable en un proyecto europeo?

    a. Un grupo destinatario.

    b. Un informe técnico.

    c. Un socio internacional.

    d. Una actividad.

7. Un buen sistema de comunicación interna entre socios durante la planificación debe incluir:

    a. Herramientas colaborativas y reuniones claras.

    b. Documentos físicos impresos.

    c. Un solo correo al final del proceso.

    d. Revisión únicamente por el coordinador.

8. ¿Qué debe hacerse antes de iniciar la redacción de un formulario de propuesta?

    a. Ejecutar el presupuesto.

    b. Estudiar la convocatoria en profundidad.

    c. Comenzar la formación.

    d. Traducir los resultados.

9. **¿Qué tipo de resultado implica un cambio de comportamiento o de competencias?**

   a. Intangible.
   b. Tangible.
   c. Financiero.
   d. Externo.

10. **¿Qué herramienta permite medir el progreso del proyecto a través de indicadores y resultados esperados?**

   a. Cronograma.
   b. Árbol de objetivos.
   c. Marco lógico.
   d. Plan de comunicación.

U. A. 2. Desarrollo de la asociación

Introducción

En el contexto de los proyectos europeos, el desarrollo de una asociación sólida y eficaz constituye una de las claves para el éxito del proyecto. La dimensión colaborativa inherente a estas iniciativas implica trabajar con socios de diferentes países, culturas organizativas y marcos normativos. Por ello, resulta fundamental encontrar a los socios adecuados y establecer desde el inicio una comunicación clara, un reparto de roles bien definido y un compromiso compartido con los objetivos del proyecto.

Esta unidad aborda las principales estrategias para buscar, seleccionar y consolidar alianzas, así como las condiciones para una buena gestión de la comunicación interna a lo largo del ciclo de vida del proyecto. Se presta especial atención a los posibles problemas que pueden surgir en las relaciones de partenariado, y se proponen métodos para anticiparse a ellos o resolverlos de forma eficaz. Asimismo, se estudia el proceso de formalización de la asociación y la manera en que cada socio puede aportar valor desde sus capacidades y recursos específicos.

La correcta gestión del partenariado incrementa la calidad del proyecto, y también facilita el cumplimiento de los criterios de evaluación establecidos por la Comisión Europea, que valora especialmente la coherencia, complementariedad y solidez del consorcio.

Objetivos

- Identificar las principales estrategias de búsqueda de socios para proyectos europeos, valorando aspectos como la complementariedad, la experiencia previa y el interés en los objetivos del proyecto.
- Establecer primeros contactos con potenciales socios de forma profesional y eficaz, utilizando herramientas de comunicación adecuadas.
- Definir con claridad los roles, responsabilidades y aportaciones de cada miembro de la asociación, en coherencia con los objetivos y estructura del proyecto.
- Diseñar e implementar estrategias de comunicación interna que favorezcan la colaboración, la toma de decisiones conjunta y la resolución de conflictos durante el desarrollo del proyecto.
- Detectar posibles dificultades en la colaboración con los socios y aplicar estrategias preventivas o correctivas para mantener la cohesión del consorcio.

1. Estrategias de búsqueda de socios

La elección de socios adecuados es una de las decisiones más estratégicas en la fase inicial de un proyecto europeo. Un consorcio equilibrado, coherente y comprometido puede marcar la diferencia entre un proyecto exitoso y uno fallido. El "socio ideal" no existe en abstracto, sino que debe identificarse en función de los objetivos del proyecto, el programa europeo específico y el tipo de actividades planificadas.

Uno de los primeros criterios a considerar es que el socio disponga de competencias técnicas y organizativas que contribuyan de forma efectiva a los objetivos del proyecto. Esto incluye:

- **Experiencia previa en proyectos europeos** o internacionales.
- **Capacidad técnica** en el área temática del proyecto (educación, cultura, medio ambiente, innovación, etc.).
- **Capacidad de gestión**, incluyendo habilidades en gestión financiera, justificación de gastos, coordinación de equipos, etc.
- **Infraestructura y recursos humanos** disponibles para asumir sus tareas con eficacia.

 Importante

La Comisión Europea valora especialmente la complementariedad entre socios. Un consorcio formado por organizaciones con perfiles y capacidades diversas (por ejemplo, universidades, ONG, centros de formación, administraciones locales, empresas...) es más sólido y equilibrado.

La experiencia acumulada en proyectos similares o en programas europeos anteriores constituye una referencia clara de fiabilidad. Aunque no se excluye a socios noveles, contar con al menos un socio con amplia trayectoria puede aportar:

- Conocimiento profundo de los procedimientos administrativos y financieros.
- Mejores prácticas en ejecución y coordinación.
- Mayor solvencia ante los evaluadores del proyecto.

Criterios de evaluación de experiencia	Aspectos a considerar
Participación previa en programas como Erasmus+, Interreg, Horizon...	Número y tipo de proyectos ejecutados
Rol asumido (socio o coordinador)	Grado de responsabilidad asumida
Resultados generados	Impacto, diseminación y sostenibilidad
Evaluaciones externas recibidas	Recomendaciones o puntuaciones obtenidas

Fig. 1. La participación previa en proyectos Interreg supone una ventaja significativa, ya que aporta experiencia en gestión administrativa y financiera, buenas prácticas en la ejecución coordinada y un historial sólido que genera confianza ante los evaluadores

Un socio ideal no solo debe ser competente, sino también comprometido a largo plazo con el proyecto.

Esto se traduce en:

- Disponibilidad de tiempo del equipo asignado.
- Interés real en los objetivos del proyecto (más allá del beneficio financiero).
- Capacidad de respuesta rápida y proactiva ante imprevistos.
- Participación activa en las decisiones estratégicas del consorcio.

Ejemplo

Una organización que delega la ejecución del proyecto en una sola persona sin apoyo institucional, o que responde de forma tardía a las comunicaciones, puede ralentizar todo el proceso y perjudicar la evaluación global del proyecto.

Además, es importante verificar la solidez jurídica y económica del socio, asegurando que cumple los requisitos de elegibilidad exigidos por el programa europeo correspondiente.

En la práctica, conviene evitar ciertos perfiles de socios que, aunque puedan parecer útiles en principio, pueden acarrear problemas en la fase de implementación:

- Entidades sin personalidad jurídica claramente definida.
- Organizaciones sin experiencia ni capacidad demostrable en el área del proyecto.
- Socios "decorativos" que no aportan valor real y que solo figuran por cumplir formalmente un mínimo de países asociados.
- Entidades que tienen historial de conflictos o incumplimientos en otros consorcios.

El perfil del socio ideal se define por una combinación de experiencia, competencias complementarias y compromiso operativo. Una selección rigurosa, basada en criterios objetivos y estratégicos, permite conformar un partenariado eficiente y fiable, que será muy importante en la planificación y ejecución del proyecto.

Una vez definido el perfil del socio ideal, el siguiente paso es identificar los canales más eficaces para localizar organizaciones que cumplan dichos requisitos. La búsqueda de socios puede realizarse a través de plataformas digitales especializadas, redes institucionales, contactos previos o eventos presenciales. Cada canal ofrece ventajas específicas y se adapta a distintos contextos y necesidades del proyecto.

Fig. 2. En la actualidad, existen numerosos portales europeos que facilitan el contacto entre organizaciones interesadas en participar en proyectos financiados por la Unión Europea

Estas plataformas permiten publicar propuestas, consultar perfiles, establecer filtros por país, temática o tipo de organización, e incluso contactar directamente con los responsables:

Plataforma	Descripción
Funding & Tenders Portal	Portal oficial de la UE para programas como Horizon Europe o LIFE. Incluye herramienta de búsqueda de socios.
EPALE (Plataforma Electrónica para el Aprendizaje de Adultos en Europa)	Especializada en proyectos de educación de adultos dentro del programa Erasmus+.
Erasmus+ Project Results Platform	Base de datos con proyectos anteriores y entidades participantes. Útil para identificar socios activos.
EU Partner Search (Enterprise Europe Network)	Red centrada en innovación, PYME y cooperación empresarial a nivel europeo.

Anotación

Muchas de estas plataformas requieren registro. Es recomendable crear un perfil institucional bien estructurado y en inglés, que incluya proyectos anteriores, áreas de interés y capacidades clave.

Además de las plataformas digitales, una fuente habitual y eficaz de socios son las redes institucionales existentes, especialmente aquellas formadas a partir de proyectos anteriores, asociaciones sectoriales, colaboraciones académicas o iniciativas locales con proyección internacional:

- **Consorcios previos**: reutilizar relaciones exitosas con antiguos socios.
- **Redes temáticas**: como Eurocities (ciudades), EfVET (formación profesional), EUA (universidades), etc.
- **Asociaciones profesionales**: que agrupan entidades con intereses similares.
- **Organizaciones intermedias**: como cámaras de comercio, agencias de desarrollo o centros tecnológicos.

Ejemplo

Un centro de formación profesional que ha trabajado previamente en proyectos Erasmus+ puede contactar con los antiguos socios para plantear una nueva propuesta con base en la relación ya consolidada.

Por otro lado, la asistencia a eventos temáticos, conferencias europeas, ferias sectoriales o sesiones de "*matchmaking*" permite establecer contacto directo con entidades afines y generar confianza de forma más rápida.

- **Infodays** organizados por la Comisión Europea o agencias nacionales.
- **Seminarios de contacto ("contact seminars")** del programa Erasmus+.
- **Conferencias sectoriales internacionales**.
- **Talleres de co-creación de propuestas o proyectos colaborativos.**

En estos encuentros es recomendable preparar una presentación breve del proyecto (pitch) y llevar material informativo en varios idiomas.

En los últimos años, las redes sociales como LinkedIn se han convertido en herramientas útiles para la búsqueda de socios, especialmente cuando se combinan con grupos temáticos o hashtags relacionados con programas europeos.

- Búsqueda por palabras clave (ej. "Erasmus+ partner" o "EU project coordinator").
- Participación en grupos especializados.
- Contacto directo con perfiles profesionales de interés.

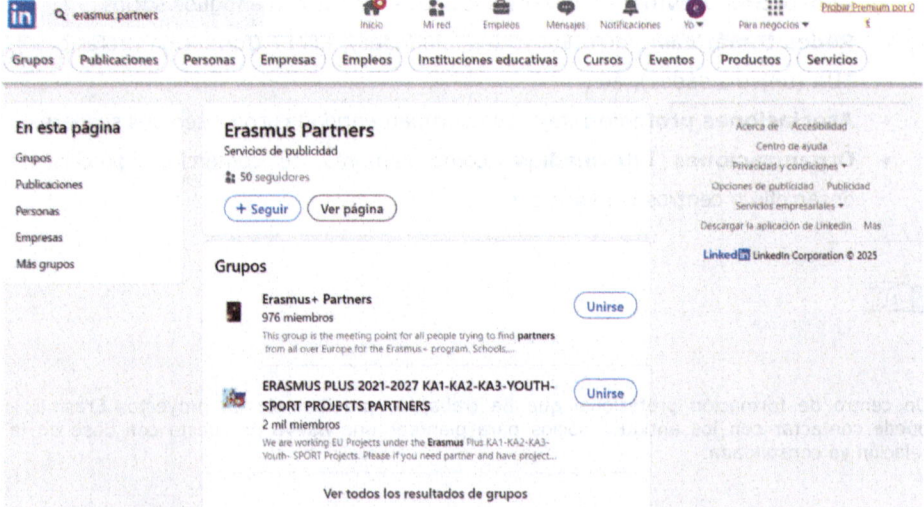

Fig. 3. Las redes sociales profesionales como LinkedIn permiten identificar posibles socios, conocer su trayectoria y establecer los primeros contactos estratégicos

Anotación

Aunque LinkedIn no sustituye a los canales oficiales, puede complementar la estrategia y facilitar un primer contacto informal antes de formalizar colaboraciones.

Utilizar una estrategia multicanal permite ampliar las posibilidades de encontrar socios adecuados y contrastar su idoneidad. La combinación de plataformas digitales, redes institucionales, eventos presenciales y redes sociales optimiza el proceso de búsqueda y fortalece la base de la futura asociación.

Una vez identificados los socios potenciales, es crucial presentarles una propuesta de colaboración clara, concreta y motivadora. Este primer documento no solo sirve como carta de presentación del proyecto, sino también como herramienta para captar el interés y generar confianza.

Los elementos fundamentales de la propuesta son:

1. **Resumen del proyecto**: debe incluir los objetivos principales, el enfoque temático y el impacto esperado.
2. **Contexto y justificación**: explicar por qué el proyecto es relevante, qué necesidad aborda y en qué marco europeo se inserta.
3. **Oportunidades para el socio**: detallar qué beneficios obtendrá la entidad si se une al consorcio.
4. **Rol propuesto para el socio**: incluir posibles tareas, nivel de implicación y áreas de trabajo previstas.
5. **Calendario y plazos**: tanto del proyecto como del proceso de preparación de la propuesta.
6. **Datos de contacto**: incluir responsable, idioma preferente y disponibilidad para reuniones.

Ejemplo

Una ONG dedicada a la inclusión social podría recibir una propuesta de colaboración para un proyecto Erasmus+ enfocado en migrantes, detallando que su papel sería liderar actividades locales y contribuir a la elaboración de una guía de buenas prácticas.

Además, la presencia activa en redes temáticas y eventos europeos incrementa significativamente la visibilidad de una organización y mejora sus oportunidades para establecer colaboraciones de calidad.

Los tipos de eventos relevantes son:

Tipo de evento	Objetivo	Ejemplo
Infodays	Informar sobre convocatorias y requisitos de programas	Infoday Erasmus+ organizado por SEPIE
Contact Seminars	Conectar potenciales socios para proyectos	Seminario de contacto eTwinning
Ferias sectoriales	Exposición de buenas prácticas e innovación	European Week of Regions and Cities
Conferencias académicas	Difusión de investigaciones y networking	Congreso de la European Association for International Education

Fig. 4. Participar activamente en plataformas y redes europeas permite a las organizaciones educativas aumentar su visibilidad y mejorar sus oportunidades de colaboración

Algunas recomendaciones para una participación eficaz son:

- Preparar una presentación institucional breve (1-2 minutos).
- Llevar materiales en inglés: trípticos, tarjetas, perfiles de proyectos anteriores.
- Participar activamente en talleres y mesas redondas.
- Hacer seguimiento tras el evento: enviar correo personalizado con propuesta.

 **Importante**

La participación en estos foros puede suponer una inversión de tiempo y recursos, pero también es una de las formas más eficaces de encontrar socios comprometidos y conocedores del entorno europeo.

Seleccionar los socios más adecuados requiere aplicar criterios claros y sistemáticos, que permitan filtrar entre distintas opciones en función de la estrategia del proyecto:

- **Criterios técnicos:**
  - o Experiencia en el ámbito temático del proyecto.
  - o Participación anterior en proyectos europeos, especialmente en el mismo programa.
  - o Capacidad técnica y operativa, tanto en medios como en personal.

- **Criterios estratégicos:**
  - o Coherencia con los objetivos del proyecto.
  - o Complementariedad respecto al resto del consorcio.
  - o Cobertura geográfica y diversidad cultural.

- **Criterios prácticos:**
  - o Compromiso y disponibilidad durante todo el ciclo del proyecto.
  - o Habilidad en la comunicación interna (idiomas, herramientas TIC).
  - o Fiabilidad administrativa y financiera.

 **Ejemplo**

Para un proyecto KA2 en el ámbito escolar, podría priorizarse a centros educativos con experiencia previa en movilidad, que puedan aportar enfoques pedagógicos innovadores y recursos educativos abiertos (OER).

Seleccionar socios incorrectos puede provocar conflictos, ineficiencia y rechazo del proyecto por parte de los evaluadores.

Por ello, conviene conocer los riesgos más comunes y adoptar medidas para mitigarlos:

Riesgo	Consecuencias potenciales
Socios sin interés real en el proyecto	Baja implicación y escasa calidad en los resultados
Falta de capacidad de gestión o ejecución	Retrasos en tareas y problemas de justificación
Poca claridad en el reparto de roles	Confusión, duplicidades y conflictos
Diferencias culturales o idiomáticas no gestionadas	Problemas de comunicación y malentendidos
Entidades con historial negativo en otros proyectos	Riesgo de incumplimientos y penalizaciones

Algunas estrategias de prevención a considerar son:

- Realizar entrevistas preliminares para conocer al equipo humano.
- Verificar la reputación institucional (a través de otros socios, resultados de proyectos anteriores, búsquedas web).
- Establecer desde el principio acuerdos escritos claros: roles, calendario, tareas y expectativas.
- Comenzar con tareas pequeñas de colaboración antes de formalizar la participación.
- Usar herramientas colaborativas para evaluar su nivel de implicación en la preparación del proyecto.

Ejemplo

En un proyecto Interreg, uno de los socios no respondió durante la fase de redacción, lo que obligó a eliminarlo del consorcio días antes de la presentación, comprometiendo la distribución de tareas y la estructura territorial del proyecto.

2. Primeros contactos

Una vez identificadas las organizaciones potencialmente adecuadas y definida una propuesta inicial de colaboración, es momento de establecer los **primeros contactos formales**. Esta fase es vital para sentar las bases de una relación transparente, colaborativa y duradera. El objetivo, además de presentar el proyecto, es generar una conexión profesional basada en el interés mutuo, la confianza y la evaluación realista de posibilidades.

A. Preparación de la presentación institucional y del proyecto

La primera impresión es decisiva en el proceso de establecimiento de alianzas. Por ello, conviene preparar **materiales claros, atractivos y bien estructurados** que presenten tanto a la organización proponente como al proyecto en sí.

Los contenidos mínimos de la presentación institucional son:

- Breve historia y misión de la organización
- Experiencia en el ámbito temático del proyecto
- Participación previa en programas europeos
- Recursos disponibles (infraestructura, personal, áreas de especialización)
- Datos de contacto y persona de referencia

Por su parte, los contenidos mínimos de la presentación del proyecto son:

- Título provisional, programa de financiación y objetivos generales
- Breve descripción de la idea de proyecto
- Necesidades que aborda y contexto
- Estructura básica: paquetes de trabajo, roles posibles, duración prevista
- Requisitos de participación

Anotación

Se recomienda preparar estos materiales tanto en el idioma local como en inglés, y utilizar una presentación visual (PDF, PowerPoint o infografía), acompañada de una ficha resumen de una página.

B. Primeras comunicaciones: correo electrónico, videollamadas, reuniones

La forma en que se inicia la comunicación con un posible socio puede marcar el tono de toda la colaboración posterior. Es recomendable establecer un protocolo de contacto estructurado y profesional, especialmente si se trata de la primera interacción entre organizaciones.

- **Correo electrónico inicial:**
  - o Personalizado y breve.
  - o Introducción institucional.
  - o Presentación del proyecto en pocas líneas.
  - o Petición clara de colaboración.
  - o Adjuntos: ficha institucional, resumen de propuesta, presentación.

- **Videollamadas o reuniones virtuales:** Una vez confirmado el interés, se puede proponer una primera videollamada para ampliar la información y comenzar a intercambiar expectativas.
  - o Preparar un orden del día sencillo.
  - o Presentar al equipo implicado.
  - o Exponer el calendario de preparación del proyecto.
  - o Escuchar activamente las propuestas del socio.
  - o Tomar nota de acuerdos o puntos importantes.

Ejemplo

Tras un primer correo de contacto, una asociación cultural propone una reunión por Zoom. Durante la videollamada se detecta que tiene experiencia relevante en actividades artísticas con jóvenes, lo cual puede traducirse en un liderazgo parcial de un paquete de trabajo.

C. Evaluación del interés, afinidad y disponibilidad de los socios

No todos los contactos iniciales derivarán en una colaboración efectiva. Es importante establecer criterios y herramientas para valorar si la organización contactada reúne las condiciones necesarias para integrarse en el consorcio:

Aspecto	Indicadores de evaluación
Interés	¿Comprende el proyecto? ¿Muestra entusiasmo o compromiso inicial?
Afinidad	¿Comparte la misión, valores y visión del proyecto? ¿Encaja en el enfoque metodológico?
Disponibilidad	¿Dispone de tiempo y recursos para participar en la preparación y ejecución del proyecto?
Rapidez de respuesta	¿Responde en plazos razonables? ¿Participa activamente en la comunicación?
Valor añadido	¿Qué aporta que no puedan aportar otros socios? ¿Tiene una especialización clara o complementaria?

Importante

Un contacto que responde con ambigüedad, retrasa comunicaciones o muestra escasa implicación desde el inicio puede no ser adecuado, aunque su perfil institucional sea atractivo.

Los primeros contactos no solo son una fase formal previa a la conformación del consorcio: son también una fase de evaluación estratégica. La claridad, la agilidad y la profesionalidad en este momento inicial marcarán el tono y la eficacia de la futura colaboración. Saber seleccionar a los socios en función de la afinidad real y la capacidad de compromiso desde las primeras comunicaciones es clave para asegurar un desarrollo fluido del proyecto.

Reglamento (UE) 2021/1060 sobre disposiciones comunes de los fondos. Este reglamento regula principios comunes aplicables a todos los fondos estructurales y de inversión (ESI), e introduce disposiciones sobre cooperación entre socios, asociación multinivel y gobernanza.

3. Definición de los roles de la asociación

Una vez conformado el partenariado, es imprescindible definir con precisión qué papel desempeñará cada socio a lo largo del proyecto. Esta distribución debe ser coherente con las capacidades, intereses y experiencia de cada entidad, así como con la estructura operativa del proyecto definida durante la fase de planificación. La claridad en este reparto mejora la ejecución del proyecto y previene malentendidos, conflictos y duplicidades.

El reparto de roles debe basarse en una combinación de criterios técnicos, estratégicos y operativos, que aseguren la eficiencia y el equilibrio del consorcio:

Criterio	Aplicación práctica
Experiencia previa	Asignar tareas relacionadas con actividades en las que el socio tenga solvencia contrastada.
Capacidades internas	Considerar el personal, los recursos y las infraestructuras disponibles.
Interés temático	Alinear el rol del socio con sus objetivos institucionales o áreas de especialización.
Complementariedad geográfica o sectorial	Evitar concentrar todas las responsabilidades en un único tipo de organización o país.
Capacidad de liderazgo	Algunos socios pueden coordinar paquetes de trabajo o liderar tareas transversales.

El equilibrio entre los socios no significa que todos realicen las mismas tareas, sino que todos aporten valor significativo y proporcional al conjunto del proyecto.

En muchos proyectos europeos, especialmente aquellos con estructuras complejas como los de Erasmus+ KA2 o Horizon Europe, las actividades se organizan por **Work Packages (WP)** o paquetes de trabajo. Cada paquete agrupa tareas relacionadas y suele tener un socio líder, además de entidades colaboradoras.

Se describe un ejemplo simplificado de reparto por paquetes de trabajo:

Work Package (WP)	Descripción	Socio líder	Socios colaboradores
WP1: Coordinación general	Gestión administrativa, reuniones, informes	Organización A	Todas
WP2: Investigación inicial	Diagnóstico de necesidades, revisión bibliográfica	Universidad B	Organización C, E
WP3: Desarrollo de materiales	Creación de contenidos y recursos educativos	Centro formativo C	ONG D, Universidad B
WP4: Diseminación	Difusión de resultados, redes sociales, eventos	ONG D	Todos

Este modelo permite estructurar el trabajo de forma clara, asignando responsabilidades específicas con calendarios, entregables e indicadores.

Ejemplo

Si una universidad lidera el WP de investigación, podrá coordinar encuestas, análisis de datos y redacción de informes, mientras que una ONG local puede encargarse del trabajo de campo o de validación con colectivos vulnerables.

Para garantizar la transparencia y el compromiso mutuo, es recomendable formalizar los roles de cada socio en **documentos internos** que sirvan como referencia durante todo el proyecto.

Algunos tipos de documentos utilizados son los siguientes:

1. **Memorando de Entendimiento (MoU - Memorandum of Understanding)**: Documento informal pero estructurado que recoge los roles previstos, tareas, calendario y compromisos generales de cada entidad. Se utiliza habitualmente

durante la fase de preparación del proyecto, antes de la firma oficial del contrato.

2. **Acuerdo de Consorcio (Consortium Agreement)**: Regula aspectos legales, financieros, derechos de propiedad intelectual, resolución de conflictos y gestión de cambios.

Fig. 5. El acuerdo de consorcio es un documento formal obligatorio en muchos programas (como Horizon Europe)

3. **Plan de trabajo detallado**: Documento operativo que acompaña al calendario del proyecto e incluye tareas, entregables y responsables.

 **Importante**

Aunque algunos documentos no son exigidos por la Comisión Europea, su uso contribuye significativamente a evitar malentendidos. Una comunicación informal nunca debe sustituir a un acuerdo escrito claro y consensuado.

Una definición clara, equilibrada y documentada de los roles dentro del consorcio permite optimizar el trabajo conjunto, prevenir conflictos y facilitar la gestión general del proyecto. Distribuir responsabilidades según fortalezas, establecer liderazgos en cada área y formalizar estos acuerdos son pasos fundamentales para construir una colaboración sólida y eficiente.

En todo consorcio europeo debe existir una entidad coordinadora, responsable del liderazgo general del proyecto. Aunque el liderazgo puede ser distribuido por áreas o paquetes de trabajo, siempre debe haber una organización que ejerza el papel de referente central, tanto ante la Comisión Europea como ante los socios.

Las funciones del coordinador general son:

Responsabilidad	Descripción
Comunicación con la Agencia Nacional o la CE	Interlocución oficial en nombre del consorcio.
Coordinación interna del proyecto	Supervisar el desarrollo de los paquetes de trabajo, convocar reuniones, dinamizar el equipo.
Gestión administrativa y financiera	Recepción y redistribución de fondos, supervisión de la justificación económica, informes globales.
Liderazgo estratégico	Garantizar que el proyecto avanza según lo planificado y con visión de impacto.
Resolución de conflictos	Mediar entre socios, resolver discrepancias o dificultades operativas.

Ejemplo

En un proyecto Erasmus+ de cooperación en innovación, un centro educativo puede actuar como coordinador, mientras que otros socios lideran los paquetes de trabajo temáticos: elaboración de materiales, evaluación, difusión, etc.

El liderazgo en proyectos europeos debe ser:

- **Colaborativo**, no jerárquico.
- **Transparente**, facilitando el acceso a la información.
- **Facilitador**, capaz de activar el trabajo de los demás socios.
- **Proactivo**, anticipando problemas y proponiendo soluciones.

Un liderazgo excesivamente centralizado puede generar pasividad en los socios, mientras que uno débil puede derivar en falta de rumbo. La clave está en combinar autoridad técnica con habilidades de comunicación y gestión de equipos diversos.

Una vez definidos los roles, es esencial establecer mecanismos de seguimiento y evaluación para verificar que cada socio está cumpliendo con sus tareas de manera eficaz y en los plazos establecidos.

Algunas herramientas para el seguimiento pueden ser:

1. **Calendario detallado con hitos**:

  o Asociado a entregables y actividades.

  o Revisión periódica en reuniones de seguimiento.

2. **Informe de progreso interno por socio**:

  o Breves documentos con el estado de ejecución de sus tareas.

  o Incluyen dificultades, avances y necesidades de apoyo.

3. **Matrices de seguimiento (Gantt, RACI, etc.)**:

  o Permiten visualizar quién hace qué, cuándo y con quién.

  o Útiles para el equipo coordinador y para auditorías internas.

Responsable	Tarea asignada	Fecha límite	Estado actual	Incidencias
Socio B	Redacción del módulo formativo 1	15/03/2025	Entregado el 12/03	Ninguna
Socio D	Organización del evento multiplicador	30/04/2025	En preparación	Retraso por logística

4. **Reuniones de revisión periódica**:

  o Mensuales, trimestrales o en función de los hitos del proyecto.

  o Pueden celebrarse online o de forma presencial.

5. **Indicadores de desempeño (KPI)**:

  o Número de tareas finalizadas, puntualidad en entregas, calidad del material, nivel de participación.

Anotación

Es aconsejable acordar desde el principio las consecuencias de no cumplir con las funciones asignadas (por ejemplo, redistribución de tareas, informe negativo interno, exclusión de futuras convocatorias conjuntas).

Por su parte, el coordinador debe:

• Supervisar los avances globales del proyecto.

• Contactar de forma individual con socios rezagados.

• Proponer ajustes si un socio no puede cumplir con su parte.

• Documentar los avances y problemas para los informes oficiales.

Una coordinación sólida y una definición clara de roles no son suficientes si no van acompañadas de un sistema eficaz de seguimiento del trabajo colaborativo. Establecer desde el principio protocolos de evaluación del desempeño y herramientas para asegurar el cumplimiento de los compromisos mejora el rendimiento del consorcio, fortalece la confianza mutua y garantiza una mayor calidad en la ejecución del proyecto.

4. Estrategias de comunicación durante el proyecto

Una **comunicación interna eficaz** es un factor determinante para el éxito de cualquier proyecto europeo. La participación de socios de distintos países, con diferencias culturales, organizativas y lingüísticas, requiere de una estrategia de comunicación planificada, estructurada y adaptada al trabajo colaborativo en entornos virtuales e internacionales.

La comunicación no debe limitarse a resolver incidencias o intercambiar documentos: debe entenderse como un proceso continuo de coordinación, alineación de objetivos y fortalecimiento del partenariado.

Los beneficios de una buena comunicación son:

- Aumenta la cohesión del equipo.
- Facilita la resolución temprana de problemas.
- Refuerza el compromiso de cada socio.
- Mejora la eficiencia en la toma de decisiones.
- Garantiza la coherencia de los productos y resultados.

Anotación

Los evaluadores de la Comisión Europea valoran muy positivamente que el proyecto incorpore un plan de comunicación interna bien estructurado y adaptado a las necesidades del consorcio.

La diversidad de herramientas tecnológicas permite diseñar sistemas de comunicación que combinen canales **asincrónicos** (correo, foros, documentos compartidos) con otros **sincrónicos** (videollamadas, chats, reuniones virtuales).

Herramienta	Función principal	Ventajas
Correo electrónico	Comunicación formal, envío de documentos	Accesible y universal
Google Drive / OneDrive	Almacenamiento y edición colaborativa	Control de versiones, acceso simultáneo
Slack / Microsoft Teams	Mensajería instantánea, canales temáticos	Rápido, flexible, permite integración
Zoom / Google Meet / Jitsi	Reuniones virtuales	Amplia difusión, grabación de sesiones
Trello / Asana / ClickUp	Gestión de tareas y seguimiento	Visual, útil para el trabajo en paquetes

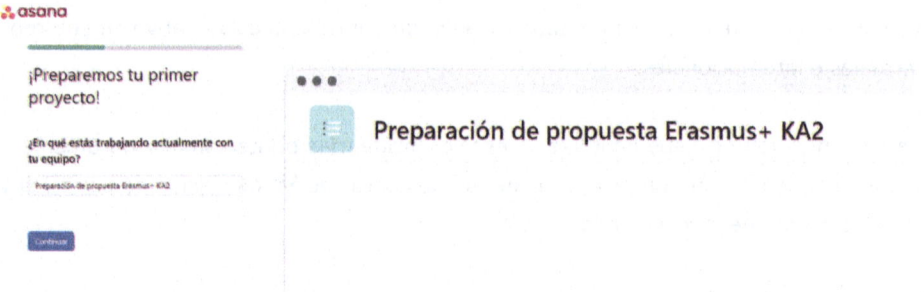

Fig. 6. Herramientas digitales como Asana facilitan la gestión integral de proyectos, mejorando la coordinación, el seguimiento de tareas y la productividad del equipo

 **Ejemplo**

Un consorcio puede crear un espacio en Google Drive para alojar todos los documentos oficiales del proyecto, organizar reuniones por Zoom mensualmente y mantener un canal de Slack para dudas rápidas y coordinación entre tareas.

En este sentido, algunas recomendaciones son:

- Elegir herramientas conocidas por todos los socios o fáciles de usar.

- Establecer normas comunes de uso (idioma, frecuencia, responsables).
- Centralizar los archivos en un solo repositorio con acceso controlado.
- Nombrar un responsable de comunicación interna por cada entidad si el consorcio es amplio.

Por otra parte, las reuniones regulares son el principal espacio para coordinar el avance del proyecto, evaluar resultados, tomar decisiones conjuntas y reforzar la colaboración interpersonal. Pueden ser presenciales (reuniones transnacionales) o virtuales (por videoconferencia).

La planificación eficaz de reuniones implica:
- Fijar fechas con antelación (idealmente al inicio del proyecto).
- Usar una agenda previa con puntos a tratar, enviada con antelación.
- Limitar la duración y priorizar los temas fundamentales.
- Asignar roles: moderador, secretario, responsables por punto.

Es también vital la dinamización, es decir:
- Fomentar la participación de todos los socios.
- Utilizar dinámicas ágiles (pizarra colaborativa, encuestas en directo, turnos de palabra).
- Mantener el enfoque en los objetivos del proyecto.
- Facilitar el intercambio intercultural y la escucha activa.

El seguimiento, por su parte, supone:
- Elaborar actas o minutas breves tras cada reunión.
- Definir tareas con responsables y plazos (seguimiento por Gantt o *checklist*).
- Compartir las grabaciones o presentaciones utilizadas.
- Evaluar periódicamente la eficacia de las reuniones.

Elemento de seguimiento	Ejemplo
Acuerdo alcanzado	Socio B liderará el taller local del WP3
Responsable asignado	Universidad D
Fecha límite	10/09/2025
Indicador de cumplimiento	Taller ejecutado con al menos 20 participantes

Las reuniones deben entenderse como espacios de diálogo y construcción conjunta. Promover una cultura de colaboración es tan importante como cumplir con los calendarios.

legislación

Directiva (UE) 2019/882 sobre los requisitos de accesibilidad de los productos y servicios. Si se desarrollan productos intelectuales (webs, plataformas, recursos digitales), deben cumplir requisitos de accesibilidad, incluyendo en muchos casos el cumplimiento de la norma EN 301 549.

Por todo lo anterior, una estrategia de comunicación interna eficaz requiere planificación, herramientas adecuadas y cultura de colaboración. Combinar canales formales con entornos ágiles y reuniones periódicas bien estructuradas garantiza el buen funcionamiento del consorcio y la consecución de los objetivos del proyecto en tiempo y forma.

Una parte esencial de la comunicación interna en los proyectos europeos es la gestión eficaz y segura de los documentos. Esta tarea no solo tiene valor organizativo, sino también técnico y legal, ya que muchos de estos documentos deben acompañar a los informes oficiales del proyecto, justificar gastos o respaldar entregables.

Una buena gestión documental tiene los siguientes objetivos:

- Facilitar el acceso de todos los socios a la información actualizada.
- Evitar pérdidas, duplicaciones o versiones contradictorias.
- Garantizar trazabilidad y transparencia.
- Proteger los datos sensibles y cumplir con la legislación (ej. RGPD).

Los tipos de documentos a gestionar son:

Categoría	Ejemplos
Documentación técnica	Materiales formativos, guías, informes de investigación
Documentación de gestión	Actas, agendas, cronogramas, listados de tareas
Documentación administrativa	Contratos, convenios de colaboración, justificantes de gasto
Material de comunicación	Presentaciones, infografías, comunicados
Evidencias de ejecución	Fotografías de eventos, hojas de firma, productos desarrollados

Ley 9/2017, de Contratos del Sector Público (España). Obliga a las entidades públicas y a ciertas privadas que gestionan fondos públicos a seguir procedimientos específicos de contratación (contrato menor, abierto simplificado, etc.), garantizando la transparencia y la libre concurrencia.

En cuanto a las herramientas recomendadas, destacan:

Herramienta	Ventajas
Google Drive / OneDrive	Acceso simultáneo, control de versiones, enlaces públicos o privados
Nextcloud	Control total sobre el alojamiento, privacidad reforzada
Dropbox Business	Integración con calendarios y control de cambios
Moodle / plataformas de e-learning	Ideal para almacenar recursos educativos compartidos

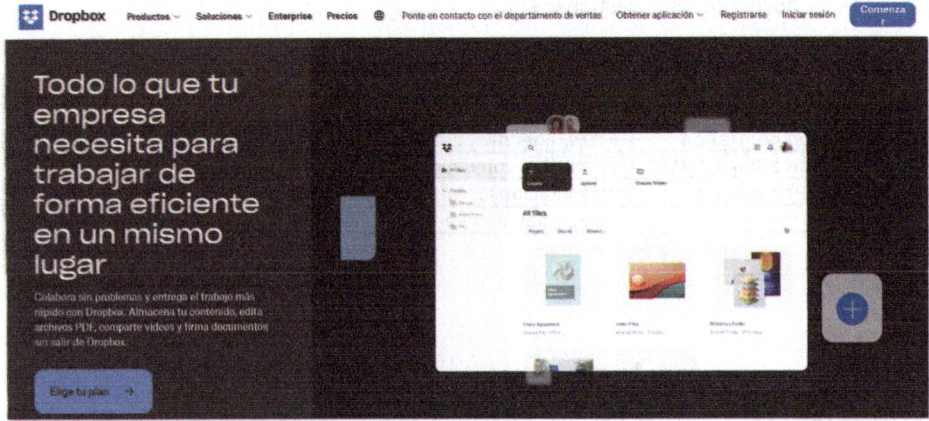

Fig. 7. Plataformas colaborativas como Dropbox simplifican el intercambio seguro y eficiente de documentos y materiales en proyectos, facilitando el trabajo conjunto en tiempo real

 Ejemplo

Un consorcio puede crear carpetas estructuradas por paquetes de trabajo (WP1, WP2...), incluyendo dentro de cada una los entregables, tareas en curso, minutas de reuniones y cronogramas.

Algunas recomendaciones operativas a considerar son:

- Establecer una estructura común de carpetas desde el inicio del proyecto.
- Nombrar responsable documental en el equipo coordinador.
- Crear nombres de archivo normalizados (ejemplo: WP3_InformeFinal_SOCIOX_FECHA.pdf).
- Hacer copias de seguridad periódicas.
- Establecer niveles de acceso y edición según el tipo de documento.

Por otra parte, en todo consorcio internacional, es posible que surjan malentendidos, errores de interpretación o incluso conflictos derivados de diferencias lingüísticas, culturales o de estilos organizativos. Gestionarlos con madurez y rapidez es esencial para mantener la cohesión del grupo.

Las causas frecuentes de malentendidos son:

- Uso impreciso del idioma de trabajo (generalmente el inglés).
- Diferencias culturales en el tono o la forma de comunicar.
- Mal uso o sobrecarga de los canales de comunicación.
- Falta de claridad en los acuerdos o expectativas.
- Reacciones tardías ante situaciones problemáticas.

 **Importante**

Es importante distinguir entre conflictos puntuales y disfunciones estructurales. Los primeros pueden resolverse con herramientas de comunicación; los segundos, con revisión de roles o procesos.

Para prevenirlos, se pueden tener en cuenta las siguientes estrategias:

- Acordar desde el inicio un glosario compartido de términos técnicos y de uso frecuente.
- Explicitar las decisiones por escrito (minutas, emails de resumen).
- Promover un clima de confianza donde se pueda expresar desacuerdo sin temor.
- Evitar los juicios personales; centrarse en hechos y propuestas.
- Favorecer siempre la escucha activa y la reformulación de ideas para asegurar la comprensión mutua.

Como estrategias de resolución, destacan:

1. **Detección temprana**: cuanto antes se aborde un malentendido, más fácil será corregirlo.
2. **Canal adecuado**: si es un tema sensible, se recomienda videollamada en lugar de correo.
3. **Moderación neutral**: el coordinador o un tercero puede actuar como mediador.

4. **Reformulación de compromisos**: puede ser necesario renegociar ciertas tareas o plazos.
5. **Documentación del acuerdo**: dejar constancia escrita de la solución alcanzada.

Ejemplo

Una ONG interpreta que su función es apoyar una tarea puntual, mientras el resto del consorcio espera una participación constante. Al detectarse el conflicto, se redefine el alcance de su trabajo mediante una reunión específica y se formaliza con un anexo al plan de trabajo.

5. Problemas que pueden surgir y estrategias para anticiparlos y/o resolverlos

A lo largo del ciclo de vida de un proyecto europeo, incluso con una planificación adecuada y un consorcio comprometido, pueden surgir problemas que afecten a la ejecución, la coordinación o las relaciones entre socios.

Estos pueden clasificarse en diferentes categorías:

Tipo de problema	Descripción
Organizativos	Retrasos en la ejecución de tareas, mala planificación interna, alta rotación de personal.
Comunicativos	Falta de respuesta, malentendidos, ausencia de actas o registros escritos.
Culturales o interpersonales	Estilos de trabajo divergentes, falta de empatía, choques de valores o enfoques.
Técnicos	Incapacidad para ejecutar actividades por falta de recursos o competencias.
Financieros	Errores en la justificación de gastos, descoordinación presupuestaria, cambios en la situación financiera del socio.
Legales o administrativos	Incumplimiento de requisitos contractuales, dificultades con la normativa nacional.

Anotación

Muchos de estos problemas no suponen un incumplimiento intencionado, sino que surgen por desconocimiento, falta de experiencia o diferencias estructurales entre las organizaciones.

Las causas frecuentes de conflicto y disfunción se pueden clasificar en:

- Expectativas no consensuadas desde el inicio.
- Falta de implicación real por parte de algún socio.
- Reparto de tareas poco equilibrado o mal definido.
- Escasa participación en las reuniones o decisiones importantes.
- Incumplimiento de los calendarios establecidos.
- Pérdida de confianza entre los miembros del consorcio.

Ejemplo

Un socio asume la coordinación de un paquete de trabajo técnico sin tener realmente la capacidad para cumplir con los estándares requeridos, lo que genera tensiones y retrasa el conjunto del proyecto.

La resolución de conflictos en proyectos europeos debe seguir un enfoque estructurado, objetivo y colaborativo.

Algunas herramientas útiles son:

- Protocolo de resolución interna de conflictos, consensuado en el acuerdo de consorcio.
- Sesiones específicas de mediación, con moderación externa si es necesario.
- Terceras partes facilitadoras, como una agencia nacional o una entidad no implicada directamente en el conflicto.
- Rediseño de tareas o redistribución de funciones, si un socio no puede cumplir con lo previsto.

- Evaluación interna por pares, con observaciones constructivas y propuestas de mejora.

Fase	Acción sugerida
Detección	Identificar el origen y el impacto del problema
Comunicación	Reunión específica con las partes implicadas
Propuesta de solución	Redefinir compromisos, tareas o tiempos
Formalización	Documento interno con los acuerdos alcanzados
Seguimiento	Revisión del cumplimiento y evaluación posterior

Un protocolo de contingencia define las acciones a seguir en caso de que se produzcan situaciones graves que puedan afectar al desarrollo del proyecto. Su incorporación en la planificación es una señal de madurez organizativa.

Los elementos del protocolo son los siguientes:

- Identificación de riesgos potenciales al inicio del proyecto.
- Asignación de responsables para activar medidas correctoras.
- Alternativas previstas para cubrir tareas en caso de baja de un socio.
- Criterios de comunicación inmediata al coordinador o a la agencia financiadora.

 Ejemplo

Una organización se ve obligada a abandonar el proyecto por cierre institucional. El protocolo de contingencia puede prever la redistribución de tareas entre los socios restantes o la búsqueda de un socio sustituto autorizado por la agencia financiadora.

En casos extremos, puede ser necesario modificar la composición del consorcio. Esto solo debe considerarse tras agotar todas las vías de diálogo y mediación, y siguiendo los procedimientos establecidos por la convocatoria correspondiente.

Los pasos para modificar el partenariado son:

1. Justificación técnica del motivo (ej. incumplimiento grave, imposibilidad operativa).

2. Consulta y acuerdo con todos los socios.

3. Comunicación formal a la agencia gestora del programa.

4. Propuesta de nuevo socio (opcional y según normativa).

5. Modificación del acuerdo de consorcio y replanificación de tareas.

 **Importante**

Estas modificaciones requieren aprobación formal por parte del organismo financiador, y pueden tener implicaciones sobre la elegibilidad de los gastos o el calendario del proyecto.

Resumen

En los proyectos europeos, el desarrollo de una asociación sólida y bien estructurada es uno de los factores clave para garantizar el éxito del proyecto. Una asociación transnacional eficaz se basa en la selección de socios que compartan objetivos, posean experiencia relevante y estén comprometidos con una ejecución responsable y colaborativa. El perfil del socio ideal combina competencias técnicas, experiencia en programas europeos, disponibilidad operativa y una implicación real con los fines del proyecto.

Para localizar a los socios adecuados, es fundamental utilizar diversos canales: plataformas digitales como EPALE o el Funding & Tenders Portal, redes temáticas sectoriales, eventos europeos especializados y redes sociales profesionales. La participación activa en estos espacios mejora la visibilidad institucional y facilita la identificación de entidades con intereses similares. Una vez detectadas posibles colaboraciones, es necesario redactar una propuesta de colaboración clara y atractiva, donde se expongan los objetivos del proyecto, el rol previsto para el socio y los beneficios de su participación.

Los primeros contactos con las organizaciones deben estar bien planificados. La presentación institucional debe ser concisa y convincente, y el primer intercambio de correos o reuniones virtuales debe servir para evaluar la afinidad, el interés y la disponibilidad del posible socio. La fase de contacto inicial también permite detectar señales de alerta, como falta de claridad o escasa implicación, que pueden afectar negativamente al desarrollo futuro del proyecto.

Definir correctamente los roles de la asociación es esencial para una ejecución fluida. La distribución de funciones debe basarse en criterios como la experiencia previa, la capacidad técnica y la complementariedad entre socios. Muchas veces se recurre a la estructura de paquetes de trabajo (Work Packages) para organizar las tareas. Estos paquetes agrupan actividades relacionadas bajo la responsabilidad de un socio líder y colaboradores específicos. La formalización de los roles se realiza a través de documentos como el Memorando de Entendimiento (MoU) o el Acuerdo de Consorcio, que garantizan transparencia y compromiso.

La figura del coordinador del proyecto tiene un papel importante, ya que lidera la planificación general, coordina la comunicación con la Comisión Europea o agencia nacional, y dinamiza la colaboración entre socios. Para que esta coordinación sea efectiva, es necesario implementar herramientas de seguimiento del cumplimiento de tareas, como cronogramas, informes de progreso o reuniones de evaluación. Además, es importante contar con indicadores claros para medir el desempeño de cada entidad. Una comunicación interna fluida y estructurada refuerza la cohesión del consorcio. Es recomendable combinar canales asincrónicos (correo, plataformas colaborativas) con reuniones periódicas virtuales o presenciales. Estas reuniones deben estar bien organizadas, con agendas claras, moderación eficaz y documentación de acuerdos. Asimismo, una buena gestión de los archivos y documentos del proyecto —con carpetas compartidas, control de versiones y estructura común— mejora la eficiencia y la trazabilidad del trabajo.

Dado que los consorcios son internacionales y diversos, es frecuente que surjan malentendidos o conflictos. Para afrontarlos, es vital promover una cultura de comunicación clara, escucha activa y respeto mutuo. Cuando surgen problemas, deben abordarse de forma rápida, objetiva y colaborativa, utilizando herramientas de mediación y, si es necesario, ajustando tareas o responsabilidades. Además, resulta muy útil contar con protocolos de contingencia para afrontar crisis, como la salida de un socio, y procedimientos para la modificación del partenariado si se llegara a requerir.

Glosario

Asociación transnacional

Conjunto de organizaciones de diferentes países que colaboran en un proyecto europeo, compartiendo objetivos, tareas y responsabilidades.

Socio (partner)

Entidad que forma parte del consorcio de un proyecto europeo y que participa activamente en su desarrollo. Puede ser pública, privada, educativa, cultural, etc.

Socio coordinador (coordinator)

Organización responsable de liderar el proyecto, actuar como enlace con la Comisión Europea o la agencia financiadora, y supervisar la ejecución global del consorcio.

Perfil del socio ideal

Conjunto de características deseables en una organización colaboradora: experiencia, compromiso, competencias técnicas y capacidad de gestión.

Propuesta de colaboración

Documento o presentación breve enviada a posibles socios con el objetivo de presentar el proyecto, el rol esperado y los beneficios de participar.

Plataformas de búsqueda de socios

Sitios web o redes institucionales donde organizaciones interesadas en participar en proyectos europeos pueden publicar perfiles y contactar con otros socios. Ej.: EPALE, Funding & Tenders Portal.

Redes temáticas

Agrupaciones de entidades con intereses comunes en áreas específicas (educación, formación, cultura, innovación...) que fomentan la cooperación en programas europeos.

Work Package (WP) / Paquete de trabajo

Bloque temático o funcional que agrupa un conjunto de actividades del proyecto. Cada WP tiene objetivos propios, tareas definidas, entregables y un socio responsable.

Distribución de roles

Proceso mediante el cual se asignan responsabilidades y tareas a cada socio en función de sus capacidades, experiencia e intereses.

Memorando de Entendimiento (MoU)

Documento no vinculante que recoge compromisos preliminares entre socios durante la preparación del proyecto, como roles, tareas o cronogramas.

Acuerdo de Consorcio (Consortium Agreement)

Documento formal que regula las relaciones internas del partenariado, incluyendo aspectos legales, financieros y organizativos.

Comunicación interna

Conjunto de canales, herramientas y dinámicas utilizadas para coordinar el trabajo entre socios y garantizar el intercambio fluido de información durante el proyecto.

Plataformas colaborativas

Herramientas digitales que permiten el trabajo conjunto entre socios a distancia. Ej.: Google Drive, Microsoft Teams, Trello.

Seguimiento de tareas

Sistema de control que permite verificar si los socios están cumpliendo con las funciones asignadas, los plazos y los entregables del proyecto.

Gestión documental

Organización, almacenamiento y control de los archivos del proyecto, garantizando su accesibilidad, trazabilidad y seguridad.

Malentendidos comunicativos

Errores de interpretación o comunicación entre socios que pueden afectar la ejecución del proyecto. Suelen derivarse de diferencias lingüísticas, culturales o falta de claridad.

Resolución de conflictos

Conjunto de estrategias y herramientas utilizadas para abordar y solucionar desacuerdos o problemas entre socios del proyecto.

Protocolo de contingencia

Plan establecido para responder ante situaciones imprevistas o críticas que puedan afectar al desarrollo del proyecto o la participación de los socios.

Afinidad institucional

Grado de coherencia entre las misiones, valores o intereses de los socios y los objetivos del proyecto propuesto.

Ejercicios de autoevaluación

1. ¿Cuál de las siguientes características es esencial en el perfil del socio ideal para un proyecto europeo?

    a. Que pertenezca al mismo país que el coordinador.

    b. Que no haya participado antes en proyectos europeos.

    c. Que tenga competencias técnicas y compromiso con los objetivos del proyecto.

    d. Que no tenga personalidad jurídica definida.

2. ¿Qué plataforma está especializada en el aprendizaje de adultos y facilita la búsqueda de socios en ese ámbito?

    a. Erasmus+ Project Results.

    b. Horizon Dashboard.

    c. EPALE.

    d. Interreg Europe.

3. ¿Qué debe incluir una propuesta inicial de colaboración atractiva?

    a. Las condiciones legales del contrato con la Comisión Europea.

    b. El resumen del proyecto, rol sugerido y beneficios para el socio.

    c. Solo el calendario del proyecto.

    d. Detalles sobre auditorías financieras.

4. ¿Qué es un "contact seminar"?

    a. Un documento legal.

    b. Una auditoría de seguimiento.

    c. Un evento para fomentar encuentros entre potenciales socios.

    d. Un tipo de contrato europeo.

5. ¿Qué criterio se considera estratégico al seleccionar socios adecuados?

    a. Que tengan el mismo presupuesto asignado.

    b. Que utilicen los mismos canales de comunicación.

    c. Que sean complementarios y coherentes con los objetivos del proyecto.

    d. Que trabajen en el mismo sector económico.

6. ¿Qué riesgo es común al elegir un socio sin evaluación previa?

    a. Alta competencia interna.

    b. Falta de implicación real en el proyecto.

    c. Exceso de coordinación.

    d. Participación doble en los WP.

7. ¿Cuál es uno de los objetivos principales del primer contacto con un socio potencial?

    a. Negociar el presupuesto.

    b. Asegurar la firma del contrato.

    c. Verificar afinidad, interés y disponibilidad.

    d. Modificar los objetivos del proyecto.

8. ¿Qué debe incluir una presentación institucional eficaz?

    a. La estrategia financiera de la UE.

    b. Historia, experiencia y contacto de la organización.

    c. Opiniones de antiguos socios.

    d. Datos personales del equipo completo.

9. ¿Cuál es una señal de alerta en un primer contacto con una organización?

    a. Envío de materiales visuales.

    b. Interés en una videollamada.

    c. Respuestas ambiguas o retrasos constantes.

    d. Petición de más detalles sobre el proyecto.

10. ¿Qué documento permite formalizar de manera preliminar los roles y tareas de cada socio?

    a. Convenio bilateral.

    b. Memorando de Entendimiento (MoU).

    c. Contrato marco europeo.

    d. Justificación económica.

U. A. 3. Gestión administrativa del proyecto

Introducción

La gestión administrativa representa un pilar fundamental en el ciclo de vida de cualquier proyecto europeo. Una correcta administración garantiza la eficiencia en el uso de recursos, la conformidad con los requisitos legales y financieros de los organismos financiadores, como la Comisión Europea, y el cumplimiento de los objetivos establecidos.

En esta unidad se abordan los elementos clave que conforman la estructura administrativa de un proyecto europeo, incluyendo el contrato con la Comisión, los contratos internos entre socios, la gestión y justificación financiera, la planificación presupuestaria, así como la legislación aplicable. Se analizarán también las responsabilidades administrativas dentro del consorcio y las actividades necesarias para asegurar una trazabilidad documental rigurosa.

Además, se hará especial hincapié en los problemas más frecuentes que pueden surgir durante la ejecución administrativa del proyecto, como desviaciones presupuestarias, retrasos en la documentación o incumplimientos contractuales, y se propondrán estrategias preventivas y resolutivas para afrontarlos con éxito.

Objetivos

- Identificar y analizar los elementos contractuales esenciales entre el beneficiario principal y la Comisión Europea, así como entre los socios del consorcio.
- Gestionar de forma eficaz los recursos financieros del proyecto, aplicando criterios de transparencia y trazabilidad.
- Elaborar y controlar el presupuesto del proyecto, anticipando posibles desviaciones y proponiendo medidas correctivas.
- Asignar y supervisar los roles y responsabilidades administrativos dentro del equipo del proyecto.
- Realizar la justificación económica del proyecto cumpliendo con los requisitos establecidos por el organismo financiador.
- Interpretar y aplicar la legislación relevante en materia de gestión de proyectos europeos
- Detectar posibles problemas administrativos y aplicar estrategias adecuadas para prevenirlos o resolverlos eficazmente.

1. El contrato con la Comisión Europea y los contratos con los socios

El contrato de subvención (en inglés, *Grant Agreement*) es un instrumento jurídico vinculante firmado entre la Comisión Europea (o la Agencia Ejecutiva delegada) y el beneficiario coordinador de un proyecto seleccionado para recibir financiación.

Fig. 1. El contrato establece las condiciones legales, técnicas y financieras bajo las cuales se concede la ayuda económica comunitaria, delimitando las obligaciones y derechos tanto de la institución europea como del consorcio beneficiario

 **Anotación**

En el caso de los programas gestionados por agencias ejecutivas (como Erasmus+, Europa Creativa o Horizonte Europa), la firma del contrato corresponde a dicha agencia y no directamente a la Comisión, aunque actúe en su nombre.

Desde el punto de vista jurídico, el contrato de subvención es un acto unilateral administrativo por parte de la Comisión o una relación contractual pública, sujeta al Derecho de la Unión Europea, aunque en algunos aspectos pueda estar influido también por el Derecho nacional (por ejemplo, en cuestiones fiscales o laborales).

El contrato se rige, fundamentalmente, por:

- Las convocatorias de propuestas publicadas por la Comisión o las agencias ejecutivas.
- El Reglamento Financiero de la UE y sus normas de desarrollo.
- La normativa específica del programa de financiación correspondiente (por ejemplo, el Reglamento del Programa Erasmus+).
- En su caso, los anexos técnicos y financieros incluidos en el contrato.

legislación

Reglamento (UE) 2021/817 del Parlamento Europeo y del Consejo. Regula el programa Erasmus+ para el período 2021–2027. Especifica las acciones elegibles, modalidades de financiación, criterios de selección y normas de ejecución para los proyectos del ámbito educativo, juvenil y deportivo.

El contrato se suscribe entre:

- La Comisión Europea (o Agencia Ejecutiva), como órgano concedente de la ayuda.
- El beneficiario coordinador, en representación de todo el consorcio. Este asume la responsabilidad principal frente a la Comisión en términos de ejecución, gestión financiera y comunicación.

Los socios del proyecto no son firmantes del contrato con la Comisión, pero su relación con el coordinador se regula mediante acuerdos internos.

La firma del contrato produce los siguientes efectos:

- Reconocimiento oficial del proyecto como financiado por fondos europeos.
- Activación de las obligaciones de ejecución técnica y financiera.
- Compromiso de respetar los plazos, actividades y objetivos definidos en la propuesta aprobada.

- Sujeto a posibles auditorías y controles por parte de la Comisión, el Tribunal de Cuentas o entidades nacionales.

El contrato especifica una fecha de inicio oficial del proyecto, que no siempre coincide con la fecha de firma. También establece una duración total, generalmente expresada en meses, y una cláusula sobre posibles prórrogas justificadas.

Un proyecto Erasmus+ KA2 puede tener una duración de 24 meses, iniciándose oficialmente el 1 de septiembre, aunque el contrato se haya firmado el 15 de agosto. Esto permite realizar actividades preparatorias sin pérdida de tiempo una vez concedido el proyecto.

Se exponen las características del contrato de subvención a modo de resumen:

Elemento	Descripción
Tipo de acto jurídico	Contrato administrativo regido por el Derecho de la UE
Partes firmantes	Comisión Europea (o agencia ejecutiva) y beneficiario coordinador
Normativa aplicable	Reglamento financiero, programa específico, convocatoria, anexos
Efectos principales	Derecho a percibir ayuda; obligación de ejecutar y justificar
Inicio del proyecto	Establecido por contrato (puede ser anterior a la firma)
Duración	Indicada en meses, con posibilidad de prórroga

Reglamento Financiero de la Unión Europea (Reglamento (UE, Euratom) 2018/1046). Establece los principios generales de ejecución del presupuesto de la UE, incluidas las normas para la concesión de subvenciones, la elegibilidad de los gastos y los controles financieros. Es de aplicación directa en todos los proyectos financiados por fondos europeos.

El contrato de subvención con la Comisión Europea (Grant Agreement) no es un único documento, sino un conjunto articulado de cláusulas, anexos y condiciones específicas que regulan todos los aspectos del proyecto.

Suele incluir:

- **Artículo principal o cuerpo del contrato**, que contiene las cláusulas generales.
- **Anexos técnicos**: descripción del proyecto aprobado (plan de trabajo).
- **Anexo financiero**: desglose presupuestario por partidas y socios.
- **Anexo sobre normas de subvencionabilidad**: gastos permitidos y condiciones de reembolso.
- **Anexos específicos del programa**: formularios de informes, normas de visibilidad, etc.

A continuación, se describen las cláusulas más relevantes que suelen estar presentes en el cuerpo principal del contrato:

- **Objeto y duración del contrato:** Define la finalidad del proyecto, su denominación, código de referencia y duración (en meses). Indica también la fecha de inicio y si se permite realizar actividades preparatorias con carácter retroactivo.
- **Importe y condiciones de la ayuda:** Fija el importe máximo subvencionable, el calendario de pagos, y el principio de no lucro. También indica si hay cofinanciación obligatoria por parte de los socios.
- **Obligaciones del beneficiario:** Detalla las tareas del coordinador, entre ellas: gestionar los fondos, coordinar el consorcio, garantizar la ejecución del proyecto, presentar informes, asegurar la visibilidad del programa, etc.
- **Distribución de fondos a los socios:** Establece que el coordinador debe transferir los fondos a los socios conforme al reparto pactado en el acuerdo interno, en condiciones no desfavorables y sin retrasos injustificados.
- **Controles, auditorías y sanciones:** Describe los mecanismos de supervisión por parte de la Comisión, incluidas auditorías financieras y evaluaciones técnicas. También incluye cláusulas de reintegro en caso de incumplimiento.
- **Resolución anticipada y suspensión:** Indica en qué casos puede rescindirse o suspenderse el contrato, ya sea por decisión de la Comisión (por incumplimiento, fraude o causa de fuerza mayor) o a solicitud justificada del consorcio.

Aunque el contrato es jurídicamente vinculante, se permite cierta flexibilidad en su aplicación, especialmente en proyectos de larga duración. Es posible:

- Modificar cláusulas técnicas (actividades, calendario, socios) mediante solicitud razonada.
- Reasignar partidas presupuestarias sin autorización, si no superan ciertos umbrales.
- Solicitar extensión de duración o sustitución de socios, con autorización previa.

 **Importante**

Toda modificación relevante debe realizarse por escrito y recibir aprobación formal de la agencia financiadora antes de su entrada en vigor.

Fig. 2. El beneficiario coordinador actúa como representante legal del consorcio frente a la Comisión Europea o la Agencia Ejecutiva

Aunque todos los socios son responsables de sus propias actividades, el coordinador asume la responsabilidad principal de que el proyecto se ejecute conforme al contrato.

Entre las funciones administrativas del coordinador se incluyen:

- Firmar el contrato de subvención con la Comisión en nombre del consorcio.

- Gestionar la relación con la autoridad financiadora, canalizando comunicaciones, peticiones de modificación, informes o aclaraciones.
- Recibir y distribuir los fondos asignados al consorcio, según el presupuesto pactado.
- Asegurar el cumplimiento normativo, incluyendo las normas de subvencionabilidad, visibilidad y justificación técnica y económica.

 **Importante**

Aunque el coordinador centraliza las relaciones formales con la Comisión, no responde por los errores o incumplimientos cometidos por socios si puede demostrar que actuó con la debida diligencia.

En el plano operativo y técnico, el coordinador también debe:

- Supervisar el avance del proyecto, asegurando que los socios cumplan sus tareas en plazo y forma.
- Reunir y consolidar los entregables, informes intermedios y finales.
- Organizar reuniones transnacionales y coordinar la toma de decisiones en el consorcio.
- Facilitar la resolución de conflictos internos, activando mecanismos previstos en los acuerdos de asociación.

El coordinador debe garantizar el cumplimiento de las normas de visibilidad establecidas por la Comisión:

- Asegurar el uso del logotipo oficial del programa y las menciones requeridas.
- Coordinar las acciones de difusión (páginas web, eventos, publicaciones).
- Verificar que los resultados se difunden adecuadamente y con carácter abierto cuando así lo exige el programa.

Por lo tanto, las funciones principales del coordinador son:

Área de gestión	Obligaciones
Jurídica y contractual	Firma del contrato, relación con la Comisión, recepción de fondos
Financiera	Distribución del presupuesto, supervisión de gastos, control de subvencionabilidad
Técnica y operativa	Coordinación de actividades, seguimiento del plan de trabajo, consolidación de entregables
Comunicación y difusión	Garantizar visibilidad del proyecto y cumplimiento de las normas de difusión
Control y resolución	Supervisar cumplimiento de socios, activar medidas correctivas si es necesario

Aunque solo el coordinador firma el contrato con la Comisión, es obligatorio que los socios del proyecto formalicen acuerdos internos para regular sus relaciones, evitar ambigüedades y prevenir conflictos.

Fig. 3. Los contratos no son enviados a la Comisión, pero pueden ser requeridos en auditorías

Ambos conceptos se utilizan en la práctica para referirse a contratos entre socios, pero presentan matices distintos:

Tipo de acuerdo	Características principales
Partnership Agreement	Término genérico, habitual en programas como Erasmus+. Puede tener un formato simplificado.
Consortium Agreement	Más formal y detallado. Común en programas complejos como Horizonte Europa o LIFE.

Anotación

En algunos programas se exige expresamente un tipo u otro. Por ejemplo, en proyectos Erasmus+ de cooperación, se recomienda un Partnership Agreement flexible; en proyectos Horizon Europe, el Consortium Agreement es obligatorio.

Estos contratos regulan principalmente:

- Distribución del presupuesto entre socios.
- Calendario de pagos y condiciones de desembolso.
- Responsabilidades técnicas y administrativas.
- Procedimientos de toma de decisiones.
- Confidencialidad y derechos de propiedad intelectual.
- Cláusulas de resolución de conflictos.
- Condiciones de abandono o sustitución de socios.

Un ejemplo de cláusulas básicas de un Partnership Agreement en un proyecto Erasmus+ es el siguiente:

Cláusula	Contenido
Objeto del acuerdo	Referencia al contrato principal con la Comisión y objetivos comunes
Asignación presupuestaria	Cantidades específicas por socio y condiciones para su transferencia
Entregables y responsabilidades	Actividades previstas por socio y fechas límite
Resolución de conflictos	Mecanismos de mediación o arbitraje en caso de desacuerdo
Vigencia y firma	Duración del acuerdo, fechas y firma de los representantes legales

2. Gestión financiera de proyectos europeos, especialmente de los relacionados con la educación y la formación

Se considera gasto elegible aquel que cumple con las condiciones establecidas en el contrato de subvención, así como en la normativa específica del programa. Solo estos gastos pueden ser reembolsados con fondos europeos. Todo gasto no elegible será inadmitido durante la justificación y, en su caso, podrá conllevar la devolución de fondos.

Legislación

Ley 38/2003, General de Subvenciones (España). Norma clave que regula el régimen de subvenciones públicas en España. Establece principios como la publicidad, transparencia, concurrencia y control financiero, aplicables también a fondos europeos canalizados por agencias nacionales.

Los principales criterios generales de elegibilidad que deben cumplir los gastos para ser considerados elegibles son:

Principio	Explicación
Necesidad	El gasto debe ser indispensable para ejecutar el proyecto y cumplir con sus objetivos.
Imputación temporal	Debe realizarse dentro del período de ejecución del proyecto, salvo excepciones indicadas.
Conexión directa	El gasto debe estar relacionado con las actividades descritas en el plan de trabajo.
Trazabilidad documental	Debe existir una prueba verificable del gasto: facturas, recibos, partes de trabajo, etc.
Contabilidad separada	Los gastos deben estar identificados en la contabilidad del beneficiario, sin duplicidades.
Razonabilidad y economía	El gasto debe estar realizado con criterios de eficiencia, eficacia y prudencia financiera.
No financiación doble	Un mismo gasto no puede ser financiado por más de un fondo europeo o nacional.

Importante

Incluir gastos no elegibles puede suponer el reintegro parcial o total de la ayuda. Por eso es esencial identificar correctamente los conceptos excluidos.

Algunos ejemplos habituales de **gastos no elegibles** en proyectos educativos:

- Multas, sanciones o intereses de mora.
- Gastos no justificados o sin documentación válida.
- Equipamiento no previsto en la propuesta inicial.
- Gastos realizados fuera del periodo contractual.
- Costes excesivos o sin relación con la actividad del proyecto.

Algunas buenas prácticas para garantizar la elegibilidad son:

- Revisar periódicamente la normativa específica del programa.
- Formar al personal sobre los criterios financieros exigidos por el contrato.
- Mantener una documentación sistematizada y accesible para auditorías.

Fig. 4. Una buena práctica es utilizar listas de control interna antes de aprobar cualquier gasto

Por otro lado, los gastos de un proyecto se organizan normalmente en dos grandes categorías:

Tipo de coste	Definición
Costes directos	Aquellos que pueden asociarse directamente a actividades específicas del proyecto.
Costes indirectos	Gastos generales no imputables a una actividad concreta, pero necesarios para la ejecución general del proyecto.
Cofinanciación	Parte del presupuesto que no es cubierta por la ayuda europea y debe ser financiada por los beneficiarios u otras fuentes.

A continuación, se describen cada uno de estos tipos:

A. Costes directos: categorías comunes

Algunos ejemplos típicos de costes directos en proyectos educativos y de formación son:

Categoría	Ejemplos
Personal	Sueldos, nóminas y cotizaciones sociales de personas que trabajan en el proyecto
Viajes y estancias	Billetes, dietas, alojamiento para reuniones transnacionales o formaciones
Materiales y suministros	Papelería, material didáctico, equipos informáticos previstos
Subcontratación	Servicios externos como traducción, auditoría o diseño gráfico
Eventos	Alquiler de espacios, logística para talleres, jornadas o conferencias

Ejemplo

En un proyecto Erasmus+ KA220, el salario del técnico encargado de coordinar los módulos formativos online durante 12 meses es un coste directo elegible siempre que se documente mediante contrato laboral, nómina y registro de horas.

B. Costes indirectos: base de cálculo y limitaciones

Los costes indirectos son aquellos que no pueden asignarse directamente a una actividad concreta, pero que contribuyen al funcionamiento general del proyecto (agua, luz, mantenimiento de oficinas, contabilidad general...).

- Se calculan como un porcentaje fijo sobre los costes directos elegibles (por ejemplo, el 7% en muchos programas).
- No requieren justificación documental específica, pero no se pueden incluir gastos ya cubiertos como costes directos (para evitar doble financiación).

C. Cofinanciación: aportación adicional de los socios

Algunos programas exigen que los beneficiarios aporten un porcentaje del presupuesto total, lo que se conoce como cofinanciación.

Esta puede ser:

- **Financiera**: aportación económica directa del socio (por ejemplo, asumir el 20% del coste de personal).
- **En especie**: uso de recursos propios sin coste directo (salas, equipos, personal voluntario).

Anotación

En programas como Erasmus+ la ayuda puede cubrir el 100% de los costes elegibles, pero en otros como Europa Creativa o Interreg, la cofinanciación es obligatoria (hasta un 40%).

Se expone un resumen de la tipología de costes:

Tipo de coste	Descripción	Requiere justificación documental	Reembolso típico
Costes directos	Vinculados a tareas específicas	Sí	100%
Costes indirectos	Generales no vinculados directamente	No (porcentaje sobre directos)	% fijo (ej. 7%)
Cofinanciación	Parte no financiada por la UE	Sí	No reembolsable

En la mayoría de los programas europeos, el pago de la ayuda concedida se realiza mediante **varios tramos** a lo largo del proyecto. Este esquema tiene como objetivo garantizar la correcta ejecución financiera y ofrecer un control progresivo del gasto.

El calendario habitual suele incluir:

Fase del pago	Porcentaje aproximado	Condiciones
Anticipo inicial	40% – 60%	Tras la firma del contrato y apertura de cuenta bancaria
Pago intermedio	20% – 40%	Tras la aceptación del informe intermedio, si está previsto en el contrato
Pago final	20% – 30%	Tras la aprobación del informe final y revisión completa de la justificación

Si se detectan irregularidades o el informe intermedio no es aprobado, la Comisión puede retener pagos posteriores o solicitar reintegros parciales.

El coordinador es responsable de redistribuir los fondos entre los socios conforme al acuerdo interno, respetando los siguientes principios:

- Transferencias proporcionales al presupuesto asignado a cada socio.
- Plazos de pago claros (por ejemplo, 30 días tras la recepción de fondos).
- Cláusulas de penalización en caso de retrasos injustificados.

Un proyecto Erasmus+ con cinco socios recibe un anticipo de 100.000€. El coordinador transfiere el 90% del presupuesto asignado a cada socio en el primer mes y retiene el 10% restante como garantía hasta el informe final.

Además, cada gasto debe estar respaldado por **evidencias documentales válidas y completas**. Estas deben cumplir criterios de trazabilidad, legibilidad y coherencia contable.

Los documentos básicos incluyen:

Tipo de gasto	Documentación requerida
Personal	Contratos laborales, nóminas, partes de trabajo firmados, seguridad social
Viajes y estancias	Billetes, facturas de alojamiento, dietas, órdenes de desplazamiento
Subcontrataciones	Contratos, facturas, informes de servicios prestados, pruebas de selección
Materiales/equipos	Facturas, albaranes, registros de inventario
Eventos	Facturas de alquiler de sala, asistencia firmada, agenda y materiales utilizados

 Importante

La falta de un solo documento o la presentación de un formato incorrecto puede conllevar la inadmisión del gasto en la revisión final.

La justificación puede requerir tanto formatos propios del beneficiario como formularios oficiales proporcionados por la Comisión Europea o la agencia correspondiente.

Algunos ejemplos son:

- Portales electrónicos como o eCorda (Horizonte Europa).
- Bases documentales en la nube con acceso para auditores.

J3 f_x

	A	B	C	D	E	F	G	H
1	Actividad	Socio responsable	Presupuesto asignado (€)	Gasto ejecutado (€)	% Ejecución	Observaciones		
2	Gestión y coordinación	Coordinador (ES)	10.000	8.750	87,50%	A falta de justificar reuniones M3-M4		
3	Desarrollo de contenidos	Socio 1 (IT)	12.500	12.500	100%	Finalizado		
4	Formación piloto	Socio 2 (PL)	8.000	5.600	70%	Formación pendiente en septiembre		
5	Actividades de difusión	Socio 3 (FR)	6.000	3.200	53,30%	Campaña web retrasada		
6	Evaluación externa	Coordinador (ES)	4.500	1.000	22,20%	A iniciar tras fase piloto		
7	Reuniones transnacionales	Todos los socios	7.000	6.400	91,40%	Costes de viaje aún por validar		

Fig. 5. Las hojas de cálculo en Excel son una herramienta esencial para el seguimiento presupuestario en proyectos europeos, ya que permiten controlar la ejecución por actividades, socios y periodos, facilitando la rendición de cuentas ante la entidad financiadora

Ejemplo

En un proyecto Erasmus+, el informe final incluye una hoja de cálculo con los gastos por tipo de actividad, firmada por el responsable financiero del socio y acompañada de copias escaneadas de los justificantes.

Otro aspecto muy importante tiene que ver con las herramientas para el control financiero interno.

Una buena gestión interna permite:

- Garantizar el uso eficiente de los recursos.
- Anticipar errores antes de la revisión por parte de la Comisión.
- Minimizar riesgos de reintegro o sanción.
- Facilitar auditorías internas o externas.

A continuación, se presentan algunas herramientas prácticas utilizadas habitualmente:

Herramienta	Función principal
Plantillas de seguimiento Excel	Registro de gastos por socio y actividad, control de desviaciones
ERP o software contable	Registro automatizado de ingresos y gastos, vinculación con contabilidad oficial
Plataformas compartidas (Drive, OneDrive)	Almacenamiento y acceso colaborativo a documentación de justificación
Tableros Kanban (Trello, Asana)	Visualización del estado de actividades con impacto financiero
Calendario financiero	Programación de pagos, fechas de informes, auditorías

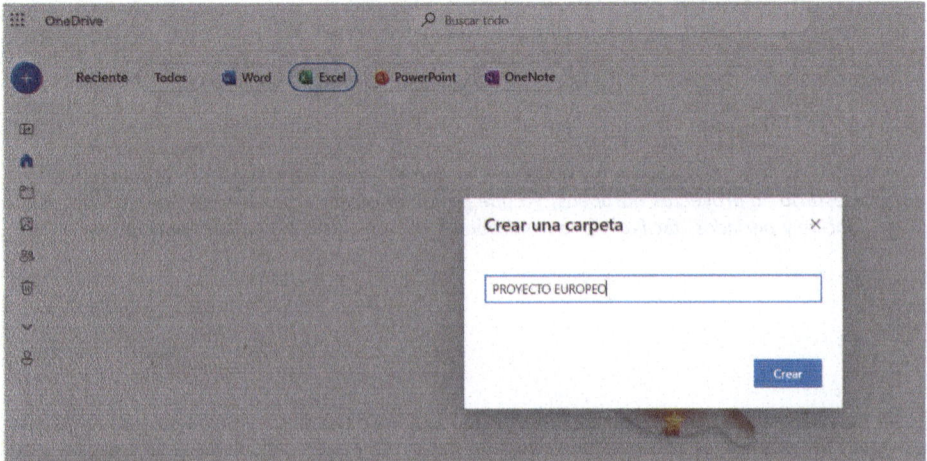

Fig. 6. El uso de almacenamiento en la nube como OneDrive facilita la organización documental y el trabajo colaborativo en proyectos europeos, asegurando el acceso compartido y la trazabilidad de todos los archivos relevantes

Más allá de las herramientas, es fundamental implantar **protocolos de control**, entre ellos:

- Validación previa de facturas por parte de un responsable financiero.
- Conciliación mensual entre ejecución técnica y contabilidad.
- Controles cruzados entre presupuestos y partidas ejecutadas.
- Archivo seguro y sistemático de documentos justificativos.

Ejemplo

Un socio debe subir sus justificantes en PDF a una carpeta compartida, junto con una hoja resumen firmada. El coordinador revisa trimestralmente y comunica observaciones o correcciones.

3. El presupuesto del proyecto

El presupuesto de un proyecto europeo no es solo un documento financiero, sino una herramienta estratégica de planificación, ya que debe reflejar con precisión la estructura operativa del proyecto, sus objetivos, fases, actividades previstas y recursos necesarios.

Fig. 7. Toda partida presupuestaria debe estar justificada por una necesidad funcional concreta

Los principios para la elaboración del presupuesto son los siguientes:

Principio	Aplicación práctica
Coherencia	Cada gasto debe estar vinculado a un objetivo, tarea o paquete de trabajo definido.
Realismo	Las estimaciones deben basarse en costes reales o verificables en el mercado.
Eficiencia y economía	Se deben evitar gastos innecesarios o sobredimensionados.
Equilibrio temporal	Los costes deben distribuirse en función del cronograma de ejecución del proyecto.

Ejemplo

Si uno de los objetivos del proyecto es desarrollar una plataforma digital de formación, deberán preverse partidas como:

- Contratación de servicios de desarrollo web.
- Producción de contenidos digitales.
- Pruebas piloto con usuarios.
- Mantenimiento técnico.

Se expone un ejemplo de formato habitual del presupuesto inicial:

Actividad / Paquete de trabajo	Coste previsto (€)	Justificación técnica
Coordinación del proyecto	12.000	Gestión técnica y administrativa, reuniones
Formación de personal	8.000	Talleres, ponentes, materiales
Desarrollo de plataforma	25.000	Subcontratación a proveedor externo
Difusión y comunicación	6.000	Diseño gráfico, web, redes sociales
Evaluación y seguimiento	4.000	Auditorías externas, elaboración de informes
Total	**55.000**	

El presupuesto debe repartirse entre los socios en función del volumen de tareas y responsabilidades asignadas a cada uno. No se trata de dividir en partes iguales, sino de garantizar una distribución justa y funcional.

Los criterios habituales para el reparto son:

- **Carga de trabajo**: número de actividades, entregables y duración de la implicación.
- **Especialización**: tareas técnicas complejas pueden justificar mayor dotación.
- **Costes locales**: algunos socios tienen costes más elevados por su país de origen o ubicación.
- **Coordinación**: el socio coordinador suele asumir una partida específica por su rol.

A continuación, se describe un ejemplo de distribución presupuestaria en un consorcio de 4 socios:

Socio	Tareas principales	Presupuesto asignado (€)
Coordinador (ES)	Gestión, informes, reuniones transnacionales	20.000
Socio 1 (FR)	Formación y pruebas piloto	15.000
Socio 2 (IT)	Desarrollo técnico de plataforma	12.000
Socio 3 (PL)	Comunicación y difusión	8.000
Total		**55.000**

Anotación

El reparto debe reflejarse en el acuerdo interno entre socios (Consortium/Partnership Agreement) y en los documentos presentados al organismo financiador.

Aunque el presupuesto inicial se considera vinculante, en muchos proyectos europeos se permite realizar ajustes razonables durante la ejecución, siempre que se justifiquen adecuadamente y no alteren la finalidad del proyecto.

Los tipos de modificaciones presupuestarias son:

Tipo de modificación	¿Requiere autorización de la Comisión?
Transferencias entre partidas	No, si no superan un porcentaje establecido (ej. 10-20%)
Redistribución entre socios	Sí, si afecta al equilibrio contractual
Aumento de una categoría de gasto	Sí, si implica reorientación técnica o nuevos objetivos
Prórrogas con impacto financiero	Sí, mediante solicitud formal

El procedimiento habitual para realizar ajustes es:

1. Detección de la necesidad (ej. desviación de costes, nueva necesidad técnica).
2. Evaluación interna y consenso entre los socios.
3. Elaboración de una propuesta de modificación con justificación detallada.
4. Envío a la Agencia Ejecutiva, si es necesario, mediante el portal correspondiente.
5. Aprobación o denegación por parte de la Comisión.

Ejemplo

En un proyecto con un 20% asignado a viajes, el coordinador redistribuye 2.000 € a la partida de difusión porque se han realizado menos desplazamientos de los previstos. Al no superar el umbral del 10%, este cambio no requiere aprobación, pero debe quedar documentado.

El seguimiento del gasto por partidas es un componente esencial de la gestión financiera en proyectos europeos que permite:

- Asegurar que se gasta según lo planificado.
- Detectar desviaciones tempranas.
- Facilitar la rendición de cuentas.
- Tomar decisiones informadas de ajuste si es necesario.

Fig. 8. Las entidades coordinadoras y los socios deben implementar mecanismos sistemáticos de seguimiento

Algunas herramientas comunes son:

Herramienta	Función principal
Plantillas de ejecución presupuestaria	Control mensual o trimestral de los gastos por partidas
Software contable/ERP	Integración automática con registros de facturación
Informes internos de ejecución	Documentos que comparan presupuesto planificado y real
Paneles de control compartidos (Drive)	Coordinación de la ejecución financiera entre socios

 **Ejemplo**

El coordinador solicita a cada socio un informe trimestral en Excel con el gasto ejecutado por partida, acompañado de justificantes digitalizados, lo que permite detectar desviaciones a tiempo.

Los tipos de desviaciones presupuestarias son:

Tipo de desviación	Descripción
Infraejecución	Se gasta menos de lo previsto, lo que puede poner en riesgo el objetivo
Sobre ejecución	Se supera una partida sin autorización
Desfase temporal	Se ejecutan gastos en fases del proyecto que no corresponden

En este sentido, siempre se debe:

- Comparar ejecución real con lo planificado cada trimestre.
- Introducir márgenes de flexibilidad internos (por ejemplo, un 5-10% por partida).
- Documentar cualquier modificación o desviación, aunque no requiera autorización.

Además, todo presupuesto debe estar sincronizado con el cronograma del proyecto.

Fig. 9. Los costes deben generarse cuando corresponda según el calendario de actividades (Gantt o WBS)

Un desfase entre gastos y fases del proyecto puede generar sospechas en auditorías o justificar recortes en el pago final.

Un ejemplo de correspondencia temporal puede ser:

Actividad programada	Periodo previsto	Coste asociado
Desarrollo de contenidos	Meses 2–6	Personal técnico + materiales
Reunión transnacional inicial	Mes 3	Viajes, dietas, alquiler de sala
Prueba piloto en escuelas	Meses 7–9	Desplazamientos + recursos didácticos
Evaluación externa	Meses 10–12	Subcontratación de consultora

A continuación, se describen riesgos de desalineación y cómo evitarlos:

Riesgo	Consecuencia	Solución recomendada
Gastos adelantados sin actividad	No elegibilidad temporal	Registrar fecha real de ejecución
Actividades retrasadas	Infraejecución o pérdida de fondos	Reprogramación y ajuste del gasto
Acumulación de gastos al final	Falta de justificación adecuada	Distribuir el gasto progresivamente

Es fundamental que los equipos de gestión técnica y contabilidad trabajen coordinadamente para sincronizar:

- Actividades realizadas
- Tiempos de ejecución
- Facturación y pagos

Esto permite mantener la trazabilidad completa entre tareas, cronograma y gasto.

Por otro lado, los informes financieros permiten al organismo financiador:

- Verificar la ejecución económica.
- Evaluar el uso correcto de los fondos públicos.
- Determinar si procede el siguiente pago (en caso de informe intermedio).
- Calcular el pago final o el posible reintegro.

En cuanto a las características del informe intermedio, destacan:

- **Periodicidad:** Habitualmente a mitad del proyecto (por ejemplo, tras 12 meses en proyectos de 24).
- **Contenido:** Estado de ejecución presupuestaria, desglose por partidas, descripción de actividades realizadas y justificantes adjuntos.
- **Resultado:** Puede dar lugar al segundo pago (previo a la etapa final).

 **Importante**

En algunos proyectos, si la ejecución no alcanza el umbral mínimo (por ejemplo, 70%), el segundo pago puede no aprobarse.

Por su parte, las características del informe final son las siguientes:

- **Plazo:** Se presenta tras la finalización del proyecto (generalmente entre 30 y 60 días después).
- **Contenido:**
  - o Justificación detallada del gasto.
  - o Informes técnicos vinculados a los gastos.
  - o Declaración de ingresos y cofinanciación.
  - o Relación de entregables.
- **Resultado esperado:** Verificación final de los importes ejecutados y **cálculo del importe definitivo a abonar o reintegrar**.

Para su elaboración, se debe:

- Usar siempre los formatos oficiales del programa.
- Consolidar previamente los informes de los socios.
- Adjuntar todas las evidencias en formato digital organizado (facturas, contratos, partes de trabajo).
- Revisar la coherencia entre informes técnicos y financieros.

4. Roles, actividades y responsabilidades en la administración del proyecto

En los proyectos europeos, especialmente aquellos que involucran consorcios internacionales y financiación pública, la gestión administrativa requiere una estructura organizada y claramente delimitada. Para ello, se establece un organigrama administrativo que identifica los distintos roles implicados, sus funciones y líneas de comunicación.

Este organigrama no tiene por qué ser jerárquico en sentido estricto, sino más bien funcional, basado en responsabilidades diferenciadas pero complementarias. Aunque puede variar según el tamaño y complejidad del proyecto, suelen distinguirse tres niveles principales:

En primer lugar, el nivel de coordinación general, que recae sobre la entidad beneficiaria principal (coordinador), responsable de firmar el contrato con la Comisión Europea y de representar al consorcio. Dentro de esta entidad se sitúa el equipo administrativo principal del proyecto.

En segundo lugar, cada uno de los socios del consorcio cuenta con referentes administrativos locales, encargados de gestionar la ejecución del presupuesto asignado, coordinar la documentación justificativa y garantizar el cumplimiento de las normas financieras y contractuales.

Finalmente, suele haber un nivel de soporte transversal, compuesto por personal de apoyo contable, jurídico o de gestión documental, que puede pertenecer tanto al coordinador como a los socios y cuya misión es asegurar la trazabilidad y calidad de los procesos.

Un ejemplo visual sugerido (organigrama funcional básico) podría ser:

- Coordinador administrativo general (entidad líder).
- Responsables administrativos por socio.
- Equipo de soporte: contabilidad, archivo, legal.

Fig. 10. La organización permite una división de tareas clara y operativa, lo que facilita tanto el trabajo cotidiano como la preparación de informes, auditorías o modificaciones contractuales

Dentro del organigrama del proyecto, el coordinador administrativo desempeña un papel central. Esta figura se distingue del coordinador técnico o científico, ya que su responsabilidad se centra en el cumplimiento contractual, documental y financiero del proyecto.

Las funciones del coordinador administrativo pueden agruparse en tres grandes ámbitos: gestión financiera, control documental y comunicación con los socios y la agencia financiadora.

En cuanto a la gestión financiera, este perfil es responsable de supervisar el uso correcto de los fondos, controlar la ejecución presupuestaria, revisar los gastos realizados por cada socio y consolidar los datos financieros para la elaboración de los informes intermedios y finales. Además, debe garantizar que los pagos internos se realicen conforme al calendario pactado y que los ajustes presupuestarios sigan los procedimientos establecidos.

Respecto al control documental, el coordinador administrativo debe asegurarse de que toda la información justificativa —facturas, contratos, partes de trabajo, pruebas de difusión, etc.— esté debidamente archivada, organizada y accesible para auditorías. Asimismo, tiene la tarea de revisar que la documentación remitida por los socios cumpla con los estándares requeridos.

Por último, en lo relativo a la comunicación administrativa, este rol actúa como nexo entre el consorcio y la Comisión Europea (o la agencia ejecutiva correspondiente), canalizando todas las gestiones contractuales (modificaciones, notificaciones, aclaraciones). También mantiene contacto constante con los responsables administrativos de los socios, resolviendo dudas, detectando errores o desviaciones y promoviendo buenas prácticas comunes.

Aunque el peso de la gestión administrativa recae en la entidad coordinadora, cada socio participante en el proyecto europeo debe asumir una serie de responsabilidades propias para garantizar el correcto desarrollo del consorcio. Estas tareas no son accesorias, sino que forman parte esencial del cumplimiento del contrato y de la rendición de cuentas ante el organismo financiador.

En primer lugar, cada socio tiene la obligación de ejecutar su parte del presupuesto de forma conforme a lo aprobado, garantizando que los gastos realizados sean elegibles, razonables y estén directamente vinculados a las actividades asignadas en el plan de trabajo.

Además, los socios deben encargarse de la recopilación y conservación de la documentación justificativa relativa a sus gastos. Esto incluye no solo las facturas y comprobantes financieros, sino también evidencias funcionales como listados de participantes, informes de actividades, capturas de pantalla, resultados de difusión, partes de trabajo o contratos de subcontratación.

 **Importante**

Una deficiente documentación por parte de un socio puede comprometer la justificación final del consorcio entero.

Otra de sus funciones clave es la colaboración activa con el coordinador, tanto en el seguimiento presupuestario como en la elaboración de informes. Esto implica responder a solicitudes de información, corregir documentos en caso de observaciones, y enviar con puntualidad los informes financieros y justificantes requeridos.

También deben participar en la gestión de modificaciones presupuestarias o contractuales que les afecten directamente. En estos casos, su responsabilidad es proporcionar al coordinador la información necesaria para justificar la modificación, así como firmar los documentos resultantes.

Las tareas administrativas de los socios pueden resumirse en:

Área de gestión	Responsabilidades del socio
Ejecución presupuestaria	Gastar según lo previsto, sin desviaciones no autorizadas
Documentación justificativa	Recopilar y archivar facturas, nóminas, evidencias de actividades, partes de trabajo
Coordinación con el líder	Enviar datos económicos, resolver observaciones, revisar informes conjuntos
Modificaciones del proyecto	Participar en ajustes presupuestarios, firma de enmiendas, comunicación de cambios relevantes

Ejemplo

El socio italiano de un proyecto de cooperación KA220 organiza un taller local para docentes.

Debe conservar:

- Factura del alquiler del espacio.
- Hojas de firmas de los participantes.
- Materiales entregados.
- Fotografías del evento.
- Hoja de cálculo con desglose de costes.
- Contrato del personal implicado.

Todo ello debe enviarse al coordinador como parte del informe financiero semestral.

En la gestión de un proyecto europeo, resulta fundamental asegurar una interacción fluida entre los equipos técnicos y los equipos administrativos, ya que ambos operan sobre dimensiones distintas de las mismas actividades. Mientras que los técnicos se encargan de ejecutar los contenidos del proyecto (formaciones, productos intelectuales, pruebas piloto...), los administrativos deben garantizar que estas acciones se desarrollen conforme a las condiciones contractuales y financieras establecidas.

Para que esta coordinación sea efectiva, deben establecerse canales de comunicación regulares, tanto internos como entre socios.

Fig. 11. Es recomendable que los responsables de área de cada entidad (coordinador técnico y administrativo) mantengan reuniones mensuales para intercambiar información sobre los avances del proyecto, necesidades presupuestarias y fechas clave de justificación

Asimismo, es importante que los equipos técnicos tomen conciencia de las implicaciones administrativas de sus decisiones. Por ejemplo, organizar un evento formativo implica no solo diseñar el contenido, sino también prever su coste, justificar la asistencia y conservar la evidencia documental. De ahí que la toma de decisiones compartida sea esencial.

 Ejemplo

Si el equipo técnico de un socio desea sustituir una actividad prevista por otra equivalente, el equipo administrativo debe verificar si dicho cambio afecta al presupuesto o requiere autorización previa por parte de la Comisión.

Algunas buenas prácticas para la coordinación técnico-administrativa son las siguientes:

Medida implementada	Beneficio esperado
Calendario compartido de tareas e hitos	Facilita la sincronización entre ejecución técnica y control financiero
Reuniones interdepartamentales regulares	Mejora la comunicación y evita errores o duplicidades
Manual interno de procedimientos	Unifica criterios de justificación y recopilación de evidencias
Informes cruzados (técnico + económico)	Garantiza la coherencia en los informes intermedios y finales

Por su parte, el archivo documental en un proyecto europeo no es una tarea secundaria, sino una obligación contractual crítica. La Comisión Europea y las agencias ejecutivas exigen que todos los documentos justificativos, tanto financieros como técnicos, estén disponibles durante un número determinado de años tras la finalización del proyecto (habitualmente 5 años).

Para cumplir con esta exigencia, se requiere establecer un sistema de control documental estructurado, que permita localizar rápidamente cualquier documento en caso de auditoría o revisión posterior. Este sistema debe incluir criterios de clasificación, codificación, acceso y respaldo.

El archivo debe cubrir todas las áreas del proyecto:

- Contratos y acuerdos con socios.
- Presupuesto aprobado y modificaciones.
- Facturas, recibos, nóminas y documentos contables.
- Justificantes de viajes y alojamientos.
- Informes de actividad, entregables y productos.
- Evidencias de difusión y participación.
- Correspondencia relevante con la Comisión o la agencia.

Importante

No basta con tener los documentos; es necesario que estén organizados, etiquetados y almacenados con un criterio sistemático, preferentemente en formatos digitales accesibles.

Los requisitos para un archivo documental eficaz son:

Requisito	Descripción
Accesibilidad	Los documentos deben poder localizarse fácilmente por personal autorizado
Copias de seguridad	Es imprescindible mantener *backups* en la nube o servidores externos
Confidencialidad y protección	Deben respetarse las normas de protección de datos (GDPR)
Actualización continua	El archivo debe mantenerse al día durante toda la vida del proyecto
Estructura común entre socios	Todos los miembros del consorcio deben seguir un modelo homogéneo

Ejemplo

El coordinador establece un sistema de carpetas compartidas en la nube (Google Drive o OneDrive), con subcarpetas por socio y por actividad. Cada documento debe titularse con una convención común, como:
PAIS_Socio_TipoDoc_NombreActividad_Fecha.pdf
(Ej.: IT_Socio2_Factura_FormacionDocente_2025-02-15.pdf)

5. Justificación económica del proyecto

En los proyectos europeos, la justificación económica no se limita a una única entrega al final del proyecto, sino que se estructura en distintos tipos de informes financieros, que pueden variar en función del programa, la duración del proyecto y la cuantía de la ayuda concedida. Todos ellos tienen como finalidad garantizar el uso transparente, correcto y trazable de los fondos públicos europeos.

Podemos distinguir al menos tres categorías principales de informes económicos:

- En primer lugar, encontramos el informe económico intermedio, obligatorio en aquellos proyectos cuya duración excede ciertos límites (por ejemplo, 12 meses en muchos programas). Este informe se presenta una vez alcanzado un hito temporal preestablecido y tiene como objetivo mostrar el estado parcial de ejecución financiera, detallando los gastos ya realizados por cada socio, su vinculación con las actividades ejecutadas y la documentación asociada. Su aprobación es en muchos casos condición para liberar el segundo tramo de financiación.

- En segundo lugar, se exige un informe financiero final, que resume toda la ejecución económica del proyecto. Este documento debe reflejar con precisión el total de fondos ejecutados, clasificados por partida presupuestaria, por socio y por tipo de coste. Debe acompañarse de una justificación técnica que acredite que los gastos están directamente relacionados con las actividades desarrolladas y de todos los documentos justificativos requeridos (facturas, nóminas, justificantes de viaje, partes de trabajo, etc.).

- En algunos casos específicos, especialmente en proyectos de mayor envergadura o que incluyen una cofinanciación significativa, se puede exigir un certificado de auditoría externa o informe financiero certificado. Este documento debe ser elaborado por una entidad independiente y registrada, y tiene como función validar formalmente los gastos declarados por los socios beneficiarios.

Ejemplo

En un proyecto Erasmus+ de cooperación KA220 con una duración de 24 meses, se requiere un informe intermedio al finalizar el mes 12, y un informe final al cerrar el mes 24. Si la ayuda supera los 60.000 €, el organismo puede exigir una declaración de gastos certificada por auditor.

El cumplimiento de los plazos para presentar los informes financieros y la documentación justificativa es esencial para la continuidad del proyecto, la recepción de nuevos pagos y la aprobación final.

Fig. 12. Los plazos no son flexibles y suelen estar definidos en el contrato de subvención o en los anexos administrativos

A nivel general, el calendario de entregas documentales incluye:

- **Antes del primer pago:** Apertura de una cuenta bancaria específica, firma del contrato y envío de datos bancarios.
- **Informe intermedio (si aplica):** Entrega en la mitad del proyecto. Suele exigirse un mes después de alcanzado ese punto. Debe incluir el resumen financiero, la documentación justificativa de los gastos realizados hasta ese momento y una descripción técnica de las actividades completadas.
- **Informe final:** Suele entregarse entre 30 y 60 días después de la finalización oficial del proyecto. Se requiere enviar todos los justificantes financieros, informes técnicos, productos generados y cualquier documento adicional solicitado por la agencia financiadora.

Además, algunos programas pueden establecer entregas parciales internas, especialmente cuando hay muchos socios implicados. En estos casos, el coordinador fija fechas intermedias para que los socios envíen su documentación, lo que permite consolidar la información con antelación al plazo oficial.

Se expone una tabla orientativa con un calendario de justificación documental:

Fase del proyecto	Tipo de documentación a entregar	Plazo habitual
Firma del contrato	Datos bancarios, documentos legales, declaración de inicio	1–2 semanas
Mitad del proyecto	Informe económico intermedio + justificantes de gasto	+30 días
Finalización del proyecto	Informe final económico y técnico + todos los documentos justificativos	30–60 días

Anotación

El retraso en estas entregas puede implicar sanciones contractuales, retención de pagos o reducción del reembolso final, además de poner en riesgo la reputación de la entidad para futuras convocatorias.

Los proyectos europeos deben presentar sus informes económicos siguiendo formatos normalizados, que varían en función del programa y del organismo gestor (Comisión Europea, agencia ejecutiva, agencia nacional, etc.). El uso correcto de estas plantillas es obligatorio, ya que permite unificar criterios, facilitar la revisión y evitar errores de interpretación.

Por lo general, estos formatos se encuentran disponibles en las plataformas digitales habilitadas por la propia Comisión o por las agencias nacionales. En ellas se estructura y canaliza la presentación de informes de forma telemática.

Entre las plataformas más comunes encontramos:

- **Funding & Tenders Portal** (Horizonte Europa, Europa Creativa, LIFE…): portal centralizado para la gestión de todo el ciclo del proyecto, incluyendo la presentación de informes financieros en formato PDF y Excel, declaraciones de gastos, y carga de documentos.
- **Beneficiary Module** (en algunos programas): interfaz más intuitiva conectada con el sistema de gestión de la Comisión.

- **Formularios Excel oficiales**: algunos proyectos aún utilizan hojas de cálculo estructuradas con macros validadas por la agencia correspondiente, especialmente para informes intermedios.

Además del uso de la plataforma, es habitual que se requiera:

- Firma digital del representante legal o escaneada si se imprime el documento.
- Generación automática de resumen financiero desde la plataforma.
- Subida individual de anexos digitalizados: facturas, partes de trabajo, contratos, informes técnicos.
- Consolidación de los informes de todos los socios en un único documento de consorcio, coordinado por la entidad líder.

La documentación justificativa que acompaña a los informes económicos es un pilar esencial de la rendición de cuentas. Solo los gastos que vengan respaldados por evidencias válidas y verificables pueden ser aceptados como elegibles durante la revisión final.

La naturaleza de las evidencias varía según el tipo de gasto, pero debe cumplir tres condiciones fundamentales:

- **Legalidad:** debe tratarse de documentos válidos conforme a la legislación nacional (facturas oficiales, contratos laborales, etc.).
- **Trazabilidad:** cada documento debe poder vincularse claramente a una actividad o resultado del proyecto.
- **Legibilidad y conservación:** deben presentarse en formato claro, completo y estar archivados durante al menos cinco años.

La relación de evidencias requeridas por tipo de gasto es:

Tipo de gasto	Evidencias obligatorias
Personal	Contrato laboral, nómina, justificante de pago, parte de trabajo detallado, registro de horas
Viajes y estancias	Billetes, facturas de alojamiento, justificante de pago, agendas de reuniones, hojas de firmas
Subcontrataciones	Contrato firmado, factura, acta de selección del proveedor, resultado entregado
Materiales y suministros	Factura, albarán o justificante de entrega, prueba de uso dentro del proyecto
Eventos y actividades	Convocatoria, hojas de asistencia, fotografías, materiales entregados, facturas de logística
Difusión y comunicación	Factura del servicio (diseño, web…), capturas de pantalla, enlaces, pruebas de publicación

En los partes de trabajo (*timesheets*), debe constar el número de horas dedicadas al proyecto, las tareas realizadas y la firma del empleado y su supervisor.

Ejemplo

Un socio organiza un seminario local. La justificación debe incluir:

- Factura del alquiler del espacio.
- Hoja de firmas de los asistentes.
- Fotografías del evento.
- Agenda del día.
- Factura de los materiales impresos.
- Evidencia de difusión (página web, redes sociales).

Esta documentación debe consolidarse por parte del coordinador y estar disponible en formato digital organizado, con carpetas estructuradas por tipo de gasto, socio y actividad. La buena gestión de estas evidencias es determinante para el éxito de la auditoría y la aprobación final del proyecto.

En los proyectos europeos, la gestión financiera está sujeta a mecanismos de control y verificación rigurosos, que incluyen tanto auditorías internas realizadas por el propio consorcio, como auditorías externas encargadas por el organismo financiador o por entidades independientes.

A. Auditorías internas

Las auditorías internas son procesos de revisión promovidos por el coordinador o por cada socio para verificar la correcta ejecución del presupuesto antes de su presentación oficial.

Fig. 13. La finalidad de la auditoría no es punitiva, sino preventiva y correctiva

Estas auditorías pueden ser:

- **Periódicas** (trimestrales, semestrales): revisión de la documentación presentada por los socios, control de desviaciones y evaluación del uso de fondos.
- **Previas a la entrega de informes**: comprobación cruzada entre datos técnicos y financieros.
- **Simuladas**: se recrean las condiciones de una auditoría externa para evaluar la solidez del archivo documental.

Ejemplo

El coordinador solicita a cada socio una muestra aleatoria del 10% de sus gastos para validación interna antes de consolidar el informe intermedio.

B. Auditorías externas

Las auditorías externas son realizadas por organismos independientes, ya sea por encargo del consorcio (por ejemplo, una auditoría certificada obligatoria en algunos proyectos) o por la propia Comisión Europea, agencias ejecutivas o tribunales de cuentas nacionales/europeos.

Estas auditorías pueden producirse:

* Durante el proyecto, como parte del control financiero de informes.
* Al finalizar el proyecto, antes de autorizar el pago final.
* A posteriori, incluso años después del cierre, dentro del periodo de conservación documental.

Las auditorías externas revisan:

* La veracidad y elegibilidad de los gastos.
* La existencia de la documentación justificativa.
* La correspondencia entre los gastos y las actividades realizadas.
* La conformidad con la normativa contractual y financiera.

Las diferencias entre auditoría interna y externa son las siguientes:

Característica	Auditoría interna	Auditoría externa
Quién la realiza	Coordinador o entidad participante	Comisión, agencia ejecutiva o auditor independiente
Carácter	Preventivo, formativo	Fiscalizador, con posibles consecuencias legales
Momento de realización	Periódica o previa a entrega de informes	Durante el proyecto, al cierre o incluso años después
Alcance	Limitado a la gestión interna	Revisión completa de ejecución financiera y contractual

Una justificación económica deficiente, incompleta o incorrecta puede tener consecuencias graves para la entidad coordinadora y el consorcio en su conjunto. Los organismos financiadores aplican mecanismos de control que, en caso de detectar irregularidades, pueden derivar en reintegros, penalizaciones económicas e incluso sanciones institucionales.

Las principales consecuencias de una mala justificación son:

- **Reintegro de fondos.** Es la consecuencia más frecuente. El organismo financiador puede solicitar la devolución total o parcial de la ayuda económica si:
  o Se han declarado gastos no elegibles.
  o Falta documentación justificativa suficiente.
  o Hay discrepancias entre los datos técnicos y financieros.
  o No se han respetado los plazos o procedimientos contractuales.

Ejemplo

Si un socio declara 5.000 € en subcontratación, pero no presenta el contrato firmado ni el informe del servicio prestado, ese importe puede ser excluido del reembolso.

- **Penalización económica.** Además del reintegro, puede imponerse una penalización adicional por considerar que ha habido negligencia o fraude. Estas sanciones pueden calcularse como un porcentaje sobre los fondos afectados o como una reducción automática del pago final.

- **Pérdida de reputación y exclusión de futuras convocatorias.** Una mala gestión documentada en auditorías puede conllevar la exclusión de la entidad en futuras convocatorias europeas, la disminución de su puntuación en evaluaciones o la exigencia de controles reforzados en próximos proyectos.

Se expone un resumen con las consecuencias de una mala justificación:

Tipo de consecuencia	Ejemplo habitual
Reintegro	Fondos devueltos por gastos no elegibles o mal documentados
Penalización económica	Multas o recortes aplicados por errores o negligencia
Pérdida de acceso futuro	Exclusión de convocatorias, revisión reforzada o pérdida de fiabilidad

6. Legislación aplicable

La ejecución de proyectos financiados con fondos de la Unión Europea se rige por un conjunto de normas que garantizan la legalidad, la transparencia y la correcta utilización del dinero público comunitario. Esta normativa está constituida por disposiciones de carácter general, aplicables a todos los fondos, y por regulaciones específicas según el programa de financiación.

Uno de los pilares fundamentales de esta normativa es el Reglamento Financiero de la Unión Europea, actualmente regulado por el Reglamento (UE, Euratom) 2018/1046, que establece las reglas comunes sobre la ejecución del presupuesto general de la UE.

Fig. 14. El Reglamento Financiero de la UE define los principios de buena gestión financiera, los procedimientos de concesión de subvenciones, los requisitos de elegibilidad del gasto y los sistemas de control

A este reglamento se suman otras normas específicas para cada programa, como, por ejemplo:

- **Reglamento del programa Erasmus+** (Reglamento (UE) 2021/817), que fija los objetivos, tipos de acciones, criterios de selección, porcentajes de cofinanciación y normas de justificación.
- **Reglamento Horizonte Europa** (Reglamento (UE) 2021/695), que regula la financiación de proyectos de investigación e innovación.
- **Reglamento Interreg/Cooperación Territorial Europea**, aplicable a proyectos transfronterizos.
- Normas de **Europa Creativa**, **LIFE**, **FSE+**, entre otros.

Además, los proyectos deben cumplir con la normativa transversal de la UE en materias como:

- **Protección de datos personales** (Reglamento General de Protección de Datos – RGPD).

Legislación

Ley Orgánica 3/2018, de Protección de Datos Personales y garantía de los derechos digitales (España)
Desarrolla en el ámbito nacional el RGPD. Obliga a informar a las personas afectadas, garantizar la seguridad de los datos y firmar contratos con encargados del tratamiento, entre otros aspectos.

- o Igualdad de oportunidades y no discriminación
- o Contratación pública y competencia
- o Transparencia en la gestión y visibilidad de los fondos

Ejemplo

Si una entidad beneficiaria decide subcontratar un servicio superior a 30.000 €, deberá aplicar los principios de publicidad, libre concurrencia y selección objetiva, de acuerdo con la normativa europea sobre contratación.

En definitiva, cualquier proyecto financiado por la UE está sujeto a una combinación de reglas financieras, éticas, administrativas y programáticas, que deben respetarse en todas las fases del proyecto: desde la solicitud hasta la justificación final.

Además del marco normativo comunitario, los proyectos europeos deben respetar el ordenamiento jurídico del país en el que se ejecutan, lo cual implica la aplicación de un conjunto de normas nacionales y regionales que pueden influir en su desarrollo operativo.

En el caso de España, por ejemplo, destacan las siguientes áreas normativas que afectan directamente a la gestión de proyectos financiados por la UE:

- **Legislación fiscal y contable.** Las entidades participantes deben cumplir con las obligaciones fiscales y tributarias (emisión de facturas válidas, retención de IRPF, declaración de IVA...) conforme a la legislación española. Además, deben llevar su contabilidad según el Plan General Contable o su equivalente sectorial (en el caso de fundaciones, asociaciones, etc.).
- **Normativa laboral.** Los contratos del personal implicado en el proyecto deben ajustarse al Estatuto de los Trabajadores, convenios colectivos aplicables y normativa sobre Seguridad Social, jornadas, contratación temporal, etc.
- **Protección de datos.** Todo tratamiento de información personal debe ajustarse tanto al Reglamento General de Protección de Datos (RGPD) como a su desarrollo nacional a través de la Ley Orgánica 3/2018 de Protección de Datos Personales y garantía de los derechos digitales.
- **Normas sobre subvenciones públicas.** Si bien los fondos provienen de la UE, su gestión en España está sujeta a la Ley General de Subvenciones (Ley 38/2003) y su reglamento, que definen los principios de publicidad,

concurrencia, control y reintegro. Esta norma es especialmente relevante cuando se trata de fondos gestionados a través de agencias nacionales o administraciones regionales.

- **Contratación pública.** Cuando una entidad pública participa en un proyecto o cuando el volumen de gasto lo exige, debe aplicar la Ley de Contratos del Sector Público (Ley 9/2017), que establece procedimientos para garantizar la transparencia y la libre concurrencia.

 Anotación

La combinación de normativa europea y nacional exige que los gestores del proyecto cuenten con asesoramiento jurídico y contable adecuado, o bien estén formados en estos marcos legales, ya que el incumplimiento de cualquiera de ellos puede comprometer la elegibilidad de los fondos.

La ejecución de proyectos europeos implica el manejo de datos personales, la contratación de servicios y la gestión de fondos públicos. Por ello, las entidades beneficiarias deben cumplir estrictamente con tres marcos normativos fundamentales: protección de datos, contratación pública y obligaciones fiscales.

Todo proyecto que recoja, trate o almacene información personal, ya sea de participantes, personal, proveedores o usuarios, debe cumplir con el Reglamento General de Protección de Datos (RGPD) (Reglamento UE 2016/679), así como con su normativa nacional de desarrollo. En España, esto implica también la aplicación de la Ley Orgánica 3/2018.

 **Legislación**

Reglamento General de Protección de Datos (RGPD) – Reglamento (UE) 2016/679. Norma europea que establece las condiciones para el tratamiento lícito de datos personales. Aplica a cualquier proyecto europeo que maneje información identificable de personas, incluyendo participantes, personal o proveedores.

Los principios clave son:

- **Licitud y transparencia:** solo pueden recogerse datos con base jurídica clara (consentimiento, contrato, interés legítimo, etc.).
- **Minimización de datos:** recoger solo los datos estrictamente necesarios.
- **Seguridad:** implantar medidas técnicas y organizativas para proteger la información.
- **Responsabilidad proactiva:** documentar políticas y procedimientos, mantener registros de tratamiento, firmar contratos con encargados.

 Ejemplo

Si se recoge una lista de asistentes a una actividad formativa del proyecto, debe informarse de forma clara sobre el uso de sus datos, el responsable del tratamiento y los derechos del interesado.

Las entidades públicas o privadas que reciben financiación europea deben aplicar los principios de publicidad, transparencia, igualdad de trato y libre concurrencia al contratar servicios o suministros con cargo al proyecto.

Esto implica:

- Publicar las licitaciones o al menos invitar a varios proveedores, si el volumen lo justifica.
- Seleccionar proveedores por criterios objetivos y no discriminatorios.
- Formalizar contratos por escrito, con cláusulas que reflejen los compromisos del proyecto.

En España, si la entidad está sujeta a la Ley de Contratos del Sector Público (Ley 9/2017), debe aplicar los procedimientos establecidos (contrato menor, abierto simplificado, etc.), respetando umbrales económicos y plazos.

Anotación

En proyectos europeos, el incumplimiento de estas normas puede implicar la declaración de gasto no elegible, aunque el servicio haya sido efectivamente prestado.

Las entidades beneficiarias deben cumplir con las obligaciones fiscales vigentes en su país.

Esto incluye:

- Emisión y recepción de facturas conforme a la legislación tributaria.
- Retenciones de IRPF o IVA cuando proceda.
- Declaraciones de ingresos, impuestos y justificación contable en relación con los fondos recibidos.

En algunos programas europeos, el IVA solo es elegible si no es recuperable por la entidad. Por tanto, debe quedar claramente reflejado en la contabilidad si se ha solicitado o no la deducción del IVA.

La participación en un proyecto europeo conlleva un conjunto de responsabilidades legales contractualmente vinculantes, tanto para el beneficiario coordinador como para cada uno de los socios del consorcio.

A. Responsabilidades del beneficiario coordinador

El coordinador es el interlocutor oficial con la Comisión Europea o la agencia financiadora y asume una serie de responsabilidades jurídicas que van más allá de su rol técnico o administrativo.

Entre ellas destacan:

- Garantizar el cumplimiento del contrato de subvención en todos sus términos.
- Supervisar la correcta ejecución del presupuesto y justificación de gastos.
- Transmitir la información y coordinar la documentación de todos los socios.
- Distribuir los fondos conforme al acuerdo interno y justificar su uso.
- Comunicar cualquier incidencia relevante (retrasos, cambios, desviaciones) al organismo financiador.

Aunque no asume legalmente la responsabilidad directa por los errores de los socios, debe actuar con diligencia para prevenir o subsanar incumplimientos. En algunos casos, podría ser parcialmente responsable si se demuestra negligencia.

B. Responsabilidades de los socios

Cada socio firmante del acuerdo interno (Partnership o Consortium Agreement) se compromete a:

- Cumplir con las tareas asignadas en el plan de trabajo.
- Ejecutar el presupuesto de manera responsable y conforme a la normativa.
- Conservar y entregar la documentación justificativa requerida.
- Informar de cualquier cambio que afecte a su capacidad operativa o financiera.
- Participar en la elaboración de informes y auditorías cuando se le solicite.

En caso de incumplimiento grave, la entidad puede ser excluida del proyecto, perder el derecho a recibir financiación e incluso ser reclamada judicialmente por el resto del consorcio, si ha provocado un perjuicio económico.

El marco contractual que regula estas responsabilidades es:

Instrumento legal	Función
Contrato con la Comisión Europea	Define las obligaciones del coordinador y los términos de ejecución
Acuerdo interno entre socios	Regula las relaciones jurídicas dentro del consorcio
Normativa nacional y comunitaria	Establece límites legales en materia fiscal, laboral, contractual, etc.
Reglamento Financiero de la UE	Marco global para la ejecución del presupuesto de la Unión

Fig. 15. Para ejecutar correctamente un proyecto europeo desde el punto de vista legal y financiero, es fundamental conocer y manejar con solvencia la documentación oficial que regula su funcionamiento

Esta documentación no solo establece las bases del contrato, sino que proporciona instrucciones, modelos, formatos y normativas específicas que deben seguirse en cada fase del proyecto.

Entre los documentos clave se encuentran:

- **Contrato de subvención (Grant Agreement)**: documento firmado con la Comisión Europea o agencia ejecutiva. Define los compromisos jurídicos, financieros y técnicos del proyecto.
- **Anexos al contrato**: incluyen el plan de trabajo, el presupuesto, las condiciones específicas de elegibilidad y ejecución, y el calendario de entregas.
- **Guías del programa**: publicadas anualmente, recogen los objetivos, criterios de selección, prioridades políticas y condiciones específicas (por ejemplo, *Guía del Programa Erasmus+*).

- **Manual de gestión financiera o guía del beneficiario**: documentos de apoyo publicados por la Comisión o las agencias nacionales con orientaciones sobre elegibilidad de gastos, auditorías y justificación.
- **Preguntas frecuentes (FAQs)** y documentos interpretativos: publicados en las webs oficiales, responden a dudas recurrentes y ayudan a interpretar cláusulas contractuales.
- **Modelos oficiales**: plantillas para informes intermedios, informes finales, declaración de costes, certificados de auditoría, etc.

Por otro lado, la normativa europea está sujeta a revisión periódica, ya sea por la publicación de nuevos reglamentos, por la entrada en vigor de modificaciones contractuales o por la adaptación de ciertos aspectos a nivel nacional. Estos cambios pueden producirse antes, durante o después de la ejecución del proyecto y tener un impacto directo sobre su desarrollo.

Algunos de los aspectos que suelen experimentar cambios normativos son:

- **Límites de elegibilidad del gasto** (por ejemplo, porcentajes de costes indirectos o condiciones de subcontratación).
- **Obligaciones de visibilidad y difusión** (logotipos, uso del emblema de la UE, disclaimers).
- **Condiciones de auditoría y justificación** (nuevos formatos, mayor exigencia documental).
- **Requisitos de protección de datos** o cláusulas de ética en el uso de tecnologías.
- **Regímenes fiscales aplicables** (por ejemplo, cambios en la deducibilidad del IVA).

Cuando se produce un cambio normativo durante la ejecución de un proyecto, las entidades beneficiarias deben:

1. Revisar la normativa actualizada y su aplicabilidad directa.
2. Consultar con la agencia correspondiente en caso de duda interpretativa.

3. Modificar procedimientos internos, si fuera necesario, para cumplir con las nuevas exigencias.

4. En algunos casos, adaptar los contratos con socios o actualizar los sistemas de archivo y documentación.

5. Notificar por escrito a la Comisión cualquier cambio que implique un ajuste contractual relevante.

La falta de adaptación a una nueva normativa puede dar lugar a la inadmisión de gastos, pérdida de pagos o incumplimientos contractuales, aunque el proyecto se haya iniciado bajo condiciones anteriores.

Ejemplo

Un cambio en la normativa sobre protección de datos obliga a firmar cláusulas específicas de tratamiento con todos los socios que manejen información sensible. Aunque el proyecto ya esté en ejecución, el coordinador debe actualizar el acuerdo interno para incorporar estas cláusulas conforme a la nueva exigencia legal.

7. Problemas que pueden surgir y estrategias para anticiparlos y/o resolverlos

En la gestión administrativa de proyectos europeos es común enfrentar incidencias que, si no se abordan a tiempo, pueden poner en riesgo la financiación, la ejecución o incluso la continuidad del proyecto. Muchas de estas incidencias se repiten de forma sistemática en diferentes consorcios y programas.

Estas incidencias pueden clasificarse en varios grupos según su naturaleza:

A. Incidencias relacionadas con la justificación económica:

Este tipo de problemas afecta directamente a la elegibilidad de los gastos y puede derivar en reintegros o penalizaciones. Entre los más comunes se encuentran:

- Presentación de gastos sin la documentación justificativa adecuada (facturas incompletas, sin firmas, sin fecha).
- Gastos ejecutados fuera del periodo de elegibilidad.
- Aplicación incorrecta del IVA o de retenciones fiscales.
- Duplicación de gastos entre socios o entre programas.
- Falta de coherencia entre la actividad desarrollada y el gasto reportado.

B. Incidencias relacionadas con la documentación y el archivo:

Estas incidencias dificultan las auditorías o revisiones técnicas:

- Archivos incompletos o mal organizados.
- Pérdida de documentación física sin respaldo digital.
- Falta de control de versiones en informes o productos entregables.
- Uso de formatos no oficiales para la presentación de informes.

C. Incidencias en la coordinación del consorcio:

Problemas derivados de una deficiente comunicación o reparto de funciones entre socios:

- Retrasos en la entrega de documentos o tareas por parte de un socio.
- Desacuerdos sobre el reparto presupuestario o la carga de trabajo.
- Cambios de personal clave sin notificación formal.

Fig. 16. La inexistencia de un calendario compartido o mecanismo de seguimiento interno es un problema de comunicación entre socios

D. Incidencias contractuales y legales:

Incluyen errores o descuidos con consecuencias jurídicas:

- No firmar el acuerdo entre socios (Partnership/Consortium Agreement) en tiempo y forma.
- Subcontrataciones realizadas sin procedimiento adecuado o sin cláusulas contractuales claras.
- Incumplimiento de normativas nacionales o comunitarias (protección de datos, fiscalidad, etc.).

Ejemplo

Un socio presenta gastos en dietas sin hoja de firmas ni agenda de actividades. Aunque el gasto aparece reflejado en la contabilidad, la falta de evidencia documental clara provoca su rechazo durante la auditoría final.

Para evitar que las incidencias administrativas deriven en problemas graves, es fundamental establecer un sistema de detección temprana de riesgos. La gestión de proyectos europeos debe incorporar desde el inicio mecanismos de control y revisión que permitan anticipar desviaciones y activar soluciones correctivas.

Los principales instrumentos para identificar riesgos a tiempo son:

- **Mapas de riesgo iniciales**: al comenzar el proyecto, se debe elaborar un análisis de riesgos administrativos probables (por ejemplo, socios con experiencia limitada, procesos internos lentos, alta rotación de personal...). Esto permite establecer planes de contingencia.
- **Listas de control periódicas (*checklists*)**: documentos de verificación utilizados por el coordinador y los socios para asegurar el cumplimiento de requisitos clave (facturación, justificación, visibilidad, etc.).
- **Indicadores de alerta temprana**: algunos ejemplos incluyen:
    o Reiterados retrasos en las entregas.
    o Facturas rechazadas por errores formales.
    o Dificultad para obtener documentación justificativa completa.
    o Ausencia de participación activa en reuniones o en decisiones clave.
- **Auditorías internas y revisiones cruzadas**: permiten detectar incoherencias antes de que se oficialicen los informes ante la Comisión.
- **Sistemas de comunicación clara y compartida**: el uso de calendarios colaborativos, sistemas de seguimiento (Trello, Notion) y reuniones periódicas permite identificar cuellos de botella antes de que se traduzcan en incumplimientos formales.

Anotación

La detección temprana no solo reduce los efectos negativos de una incidencia, sino que también demuestra diligencia en la gestión, lo que puede ser tenido en cuenta positivamente por los evaluadores en caso de revisión.

La mejor forma de evitar problemas administrativos en un proyecto europeo es prevenirlos desde el diseño y la primera fase de implementación, estableciendo protocolos claros y cláusulas contractuales sólidas que permitan actuar con anticipación y coherencia ante cualquier desviación.

Entre los mecanismos de prevención más eficaces destacan:

- **Protocolos internos de gestión.** Los protocolos internos definen los pasos y criterios que deben seguir todos los socios en aspectos como:
  - **Envío y validación de gastos:** uso de plantillas, fechas límite, verificación por el coordinador.
  - **Justificación documental:** estructura de carpetas, nombre de archivos, escaneado obligatorio.
  - **Subcontrataciones:** procedimiento previo de validación, número mínimo de ofertas, modelo de contrato.
  - **Registro de actividades:** partes de trabajo, informes mensuales, control de asistencia.

Ejemplo

Un protocolo interno establece que todas las facturas deben enviarse con una hoja de desglose y estar validadas por el responsable financiero antes de ser incluidas en el informe intermedio.

- **Cláusulas contractuales en el acuerdo entre socios.** El acuerdo de consorcio (Consortium Agreement o Partnership Agreement) debe incluir cláusulas **específicas que anticipen situaciones de riesgo**, como:
    o Calendario de pagos y penalización por retrasos.
    o Procedimientos para modificar tareas o presupuesto.
    o Obligación de conservación documental.
    o Responsabilidad ante errores o incumplimientos de un socio.
    o Mecanismos de resolución de disputas.

Estas cláusulas permiten proteger al consorcio en caso de conflictos y dotar de legitimidad a las decisiones de exclusión, recorte presupuestario o reclamación de fondos.

Aunque se tomen medidas preventivas, es probable que durante la ejecución del proyecto surjan incidencias administrativas o conflictos entre socios.

Para gestionarlos con eficacia, es necesario disponer de herramientas formales e informales que favorezcan la resolución rápida y documentada de los problemas:

A. Registros de incidencias

Establecer un sistema de registro permite hacer un seguimiento sistemático de los problemas detectados. Este registro puede incluir:

- Descripción del incidente.
- Fecha de detección.
- Socio o actividad afectada.
- Medidas correctoras propuestas.
- Resultado final y responsable de la resolución.

Esto no solo mejora la trazabilidad, sino que ayuda a construir un historial documentado útil en auditorías o en la justificación final.

B. Reuniones de seguimiento y comités internos

Las reuniones periódicas del consorcio son el espacio ideal para:

- Poner sobre la mesa los problemas detectados.
- Revisar el estado de ejecución administrativa.
- Activar acuerdos para resolver retrasos o conflictos.

En proyectos complejos, puede nombrarse un comité de seguimiento, con representación técnica y administrativa, encargado de gestionar y proponer medidas de resolución.

C. Herramientas digitales colaborativas

El uso de plataformas como Trello, Notion, Asana o Microsoft Teams permite llevar control de tareas y responsabilidades, asignar incidencias a responsables y establecer fechas límite para su resolución.

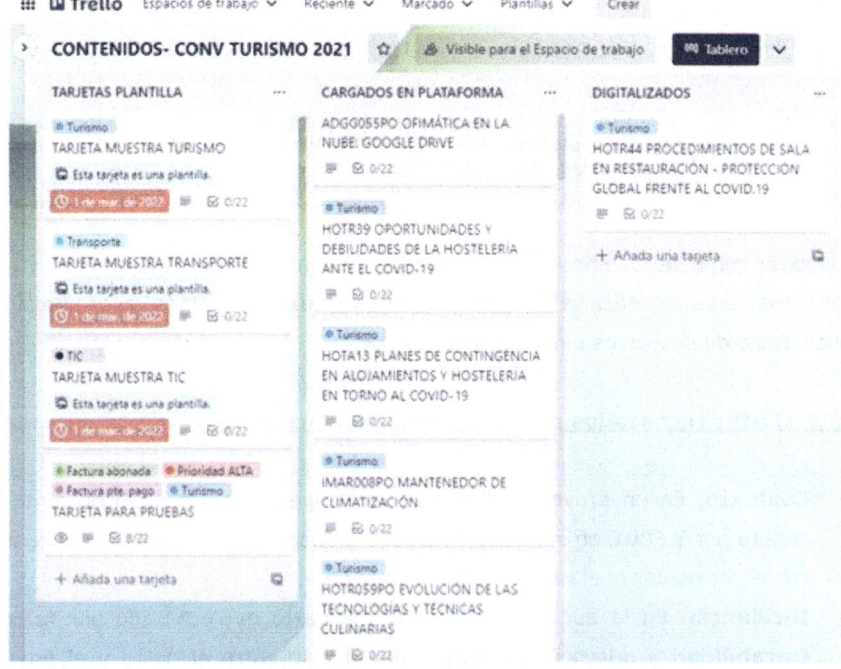

Fig. 17. Las herramientas digitales colaborativas como Trello favorecen la transparencia y la cooperación

D. Estrategias de resolución de conflictos

Cuando las diferencias entre socios van más allá de simples incidencias técnicas, deben aplicarse métodos formales de resolución como:

- Mediación interna con el coordinador como facilitador.
- Aplicación de cláusulas contractuales sobre incumplimientos.
- En última instancia, consulta a la Agencia Ejecutiva o a instancias jurídicas si hay perjuicio económico grave.

Anotación

Un conflicto no resuelto entre socios puede paralizar la ejecución del proyecto o incluso derivar en la suspensión de pagos por parte de la Comisión. Por ello, es esencial actuar con celeridad, documentación y proporcionalidad.

Para ilustrar cómo se manifiestan los problemas administrativos en la práctica y cómo pueden resolverse con eficacia, se presentan a continuación algunos casos verosímiles en el contexto de proyectos europeos financiados.

Caso 1: Gastos rechazados por documentación incompleta:

- **Contexto:** En un proyecto Erasmus+ de cooperación, un socio presenta una factura por 3.500€ en servicios de diseño gráfico. No se adjuntan ni el contrato con el proveedor ni el resultado final del servicio.
- **Incidencia:** En la auditoría intermedia, el gasto es rechazado por **falta de trazabilidad** y ausencia de prueba del vínculo entre el gasto y el producto entregado.
- **Solución adoptada:** El coordinador solicita al socio completar la documentación, aporta el entregable en cuestión (diseño web), firma un informe técnico y añade una copia del contrato con fecha válida. Finalmente, el gasto es aceptado tras reenvío justificado.

Caso 2: Retraso sistemático de un socio en la entrega de informes:

- **Contexto:** Un proyecto de innovación educativa detecta que uno de los socios acumula reiterados retrasos en la entrega de hojas de tiempos y documentación de gastos.
- **Incidencia:** Esto impide consolidar el informe intermedio y retrasa el segundo pago al consorcio.
- **Solución adoptada:** El comité de seguimiento activa una **cláusula del acuerdo interno** que permite retener un 20% del presupuesto del socio hasta

que cumpla los plazos establecidos. Además, se redistribuyen temporalmente algunas tareas urgentes para no frenar el conjunto del proyecto.

Caso 3: Detección de un conflicto ético en el tratamiento de datos:

- **Contexto:** Un proyecto de investigación en entornos escolares empieza a recoger datos sensibles de menores sin haber firmado los consentimientos necesarios ni haber registrado el tratamiento.
- **Incidencia:** Se vulnera la normativa europea de protección de datos (RGPD).
- **Solución adoptada:** Se suspende la recogida de datos, se consulta a la agencia nacional y se rediseña el formulario de consentimiento informado. La entidad afectada recibe apoyo del coordinador para implementar medidas correctivas. Se documenta el incidente como actuación responsable ante el riesgo.

Anotación

Estos ejemplos muestran cómo una gestión proactiva, colaborativa y documentada permite reconducir situaciones críticas sin comprometer la financiación ni la reputación del consorcio.

No todas las incidencias administrativas tienen el mismo peso ni consecuencias equivalentes. Por eso, es importante que el equipo de coordinación implemente mecanismos para valorar la gravedad de cada incidencia y su impacto potencial sobre el desarrollo y la continuidad del proyecto.

Los criterios para evaluar el impacto de una incidencia son:

Criterio	Ejemplos
Alcance económico	Afecta a >10% del presupuesto total o de una partida clave
Gravedad documental	Implica pérdida de evidencias o incumplimiento contractual
Repetición	El mismo problema se produce en más de una ocasión
Afectación a entregables	Puede comprometer el cumplimiento de los objetivos del proyecto
Repercusión externa	Genera conflicto con la agencia financiadora o rechazo de financiación

Los niveles de impacto estimado son:

Nivel	Descripción	Medidas sugeridas
Bajo	Incidencia puntual y corregible	Revisión interna, comunicación con el socio
Medio	Incidencia que afecta a entregables	Reprogramación, redistribución de tareas, advertencia
Alto	Incidencia con consecuencias económicas o contractuales	Activación de cláusulas, comunicación formal a la agencia, posible modificación del proyecto

Ejemplo

Una entidad ejecutora comunica que se retira del proyecto por insolvencia. Esto supone un impacto alto. El coordinador debe evaluar el presupuesto pendiente, notificar a la agencia financiadora y proponer un socio sustituto para continuar con la ejecución.

Resumen

La gestión administrativa constituye uno de los pilares esenciales para garantizar el correcto desarrollo de los proyectos financiados por la Unión Europea. Más allá de los contenidos técnicos o científicos del proyecto, es imprescindible establecer una estructura organizativa sólida, procedimientos transparentes y una documentación rigurosa que asegure el cumplimiento de las condiciones contractuales, jurídicas y financieras. En este sentido, la figura del coordinador administrativo, así como la colaboración eficaz entre todos los socios, desempeña un papel clave en la sostenibilidad y legitimidad del proyecto.

El contrato de subvención firmado entre la Comisión Europea (o la agencia ejecutiva correspondiente) y la entidad coordinadora es el marco legal que rige toda la actividad del proyecto. Este documento junto a sus anexos establece las condiciones de ejecución, los importes máximos subvencionables, las obligaciones de los beneficiarios y los plazos de entrega de los productos y justificaciones. Aunque solo el coordinador firma este contrato, todos los socios del consorcio deben suscribir acuerdos internos (Partnership Agreement o Consortium Agreement) en los que se repartan las tareas, los fondos y las responsabilidades contractuales.

La gestión financiera de los proyectos se basa en principios como la elegibilidad, trazabilidad y necesidad de los gastos. El presupuesto inicial debe reflejar fielmente los objetivos y actividades previstos, y su ejecución debe ser objeto de un control periódico por partidas. Los costes se clasifican habitualmente en costes directos (como personal, viajes o materiales) e indirectos (calculados como porcentaje fijo). Además, algunos programas pueden exigir cofinanciación por parte de los socios.

Durante el ciclo del proyecto, se deben presentar informes económicos en formatos oficiales a través de plataformas específicas como *Funding & Tenders Portal*. Estos informes (intermedios y finales) deben ir acompañados de evidencias documentales válidas, como facturas, nóminas, partes de trabajo o contratos. La justificación documental debe mantenerse accesible durante al menos cinco años, cumpliendo los criterios de legalidad, coherencia y conservación establecidos.

Una parte crucial de la administración del proyecto es el archivo documental. Éste debe organizarse con criterios homogéneos y garantizar su accesibilidad tanto para auditorías internas como externas. La adecuada coordinación entre los equipos técnicos y administrativos, mediante protocolos internos, flujos de comunicación claros y herramientas colaborativas, resulta esencial para alinear la ejecución operativa con las exigencias contractuales.

En cuanto a la normativa aplicable, los proyectos están sometidos tanto al Reglamento Financiero de la UE como a las normativas específicas de cada programa (Erasmus+, Horizonte Europa, etc.). A su vez, deben cumplir la legislación nacional en materia de fiscalidad, contratación, subvenciones, laboral y protección de datos. El desconocimiento o la aplicación deficiente de esta normativa puede derivar en incidencias graves como reintegros, penalizaciones económicas o incluso exclusión de futuras convocatorias.

Por último, es fundamental anticiparse a los problemas administrativos frecuentes, como errores en la justificación, incumplimientos de plazos, conflictos entre socios o deficiencias documentales. Para ello, deben implementarse mecanismos preventivos como auditorías internas, protocolos de control y cláusulas contractuales claras. En caso de conflicto o desviación, el consorcio debe actuar con diligencia, documentando las incidencias y aplicando soluciones proporcionales para minimizar su impacto en la continuidad del proyecto.

Glosario

Acuerdo interno entre socios (*Partnership/Consortium Agreement*)

Contrato firmado entre los miembros del consorcio que regula la distribución de tareas, presupuesto, responsabilidades y procedimientos de resolución de conflictos.

Auditoría externa

Revisión independiente de la gestión financiera de un proyecto, encargada por la Comisión Europea, una agencia ejecutiva o un auditor certificado.

Auditoría interna

Proceso de revisión realizado por el propio consorcio para controlar la ejecución financiera y documental, anticipar errores y mejorar la trazabilidad.

Beneficiario coordinador

Entidad principal del consorcio que firma el contrato con la Comisión Europea, gestiona la ayuda financiera y actúa como interlocutor ante la agencia financiadora.

Contrato de subvención (*Grant Agreement*)

Documento legal que establece los términos y condiciones para la ejecución del proyecto, firmado entre la Comisión Europea (o una agencia) y el beneficiario coordinador.

Costes directos

Gastos vinculados directamente a las actividades del proyecto, como personal, viajes, subcontrataciones, materiales o eventos.

Costes indirectos

Gastos generales no asignables a una actividad específica (electricidad, administración general...), calculados como un porcentaje sobre los costes directos.

Cofinanciación

Parte del presupuesto del proyecto que no es cubierta por la financiación europea y debe ser asumida por los socios u otras fuentes externas.

Declaración de gastos

Documento oficial en el que se detallan los importes ejecutados, por partida y por socio, que sirve de base para los informes financieros.

Elegibilidad del gasto

Conjunto de criterios que debe cumplir un gasto (necesidad, trazabilidad, justificación, periodo de ejecución...) para ser aceptado como subvencionable.

Factura justificativa

Documento contable que acredita un gasto realizado y es exigido como evidencia en los informes financieros del proyecto.

Informe económico intermedio

Documento que refleja el estado de ejecución presupuestaria en la mitad del proyecto; su aprobación puede ser requisito para recibir pagos posteriores.

Informe financiero final

Informe que recoge la totalidad de los gastos ejecutados durante el proyecto, acompañado de la documentación justificativa correspondiente.

Justificación económica

Proceso de validación y presentación de los gastos realizados durante el proyecto, incluyendo la documentación exigida por el programa.

Normativa aplicable

Conjunto de reglas y leyes (europeas, nacionales y programáticas) que regulan la ejecución de proyectos financiados con fondos de la UE.

Parte de trabajo (*timesheet*)

Registro horario que recoge las horas dedicadas por un empleado al proyecto, su tarea concreta y su firma junto a la del supervisor.

Plataformas colaborativas

Herramientas digitales que facilitan la comunicación, seguimiento de tareas y control documental (ejemplo: Trello, Notion, Google Drive).

Protección de datos personales

Conjunto de obligaciones legales que regulan el tratamiento de información personal según el Reglamento General de Protección de Datos (RGPD).

Ejercicios de autoevaluación

1. **¿Cuál de las siguientes funciones corresponde exclusivamente al coordinador del proyecto?**

   a. Gestionar las tareas técnicas asignadas a todos los socios.

   b. Aprobar los informes de auditoría externa.

   c. Modificar el plan de trabajo sin autorización.

   d. Firmar el contrato de subvención con la Comisión Europea.

2. **Un gasto se considera elegible cuando:**

   a. Es aprobado por el socio responsable.

   b. Está contemplado en el presupuesto nacional.

   c. Cumple con los criterios del programa, es necesario, trazable y documentado.

   d. No supera los 5.000 €.

3. **¿Cuál de estos documentos no es imprescindible para justificar el gasto de personal?**

   a. Nómina.

   b. Contrato laboral.

   c. Informe técnico del producto entregado.

   d. Parte de trabajo.

4. **El IVA solo es elegible si:**

   a. Ha sido aprobado por la agencia.

   b. Es inferior al 21%.

   c. No es recuperable por la entidad beneficiaria.

   d. Se declara fuera de plazo.

5. ¿Cuál es la categoría de gasto que agrupa los suministros de oficina y materiales de formación?

    a. Costes indirectos.

    b. Costes directos.

    c. Cofinanciación.

    d. Costes no subvencionables.

6. ¿Qué entidad define las normas generales sobre subvenciones dentro de la UE?

    a. Parlamento Europeo.

    b. Consejo Europeo.

    c. Reglamento Financiero de la Unión Europea.

    d. Agencia Nacional de Auditoría.

7. ¿Cuál de los siguientes NO es un tipo de informe económico habitual en los proyectos europeos?

    a. Informe financiero final.

    b. Informe económico intermedio.

    c. Declaración de impacto medioambiental.

    d. Informe certificado de auditoría.

8. ¿Qué herramienta permite registrar tareas y detectar retrasos administrativos de forma visual y colaborativa?

    a. Excel.

    b. Google Calendar.

    c. ERP.

    d. Trello.

9. **¿Qué tipo de auditoría se realiza por iniciativa del consorcio para prevenir errores?**

   a. Externa.
   b. Oficial.
   c. Interna.
   d. Contractual.

10. **Si un socio ejecuta un gasto sin conservar la factura, dicho gasto:**

   a. Es aceptable si está registrado en contabilidad.
   b. Puede validarse con una hoja de firmas.
   c. Puede transferirse a otro socio.
   d. No será elegible.

U. A. 4. Desarrollo del proyecto

Introducción

Una vez que el proyecto europeo ha sido planificado, aprobado y dotado de los recursos humanos y financieros necesarios, comienza una fase crítica: el desarrollo del proyecto. Esta etapa implica la organización operativa de las actividades, el cumplimiento de los plazos establecidos y la producción efectiva de los entregables comprometidos. La ejecución adecuada de esta fase resulta determinante para alcanzar los objetivos previstos y asegurar la viabilidad futura del proyecto, incluyendo sus fases de evaluación y diseminación.

Durante el desarrollo, es esencial mantener una estructura clara de responsabilidades, un control eficaz del calendario de ejecución y una gestión precisa de los recursos y tareas, además de la elaboración y presentación de informes de progreso y productos intermedios o finales. Asimismo, esta fase contempla la organización de reuniones transnacionales y otros eventos (seminarios, conferencias, ferias), necesarios tanto para la coordinación entre socios como para la visibilidad pública del proyecto.

Por tanto, esta unidad se centra en capacitar al alumnado para organizar de manera estructurada la ejecución del proyecto, coordinar a los actores implicados y producir los resultados esperados de acuerdo con las normativas, contratos y expectativas establecidas por la Comisión Europea.

Objetivos

- Comprender cómo organizar operativamente un proyecto europeo mediante el diseño y control de calendarios, hitos, tareas, entregables y plazos.
- Conocer cómo asignar y coordinar roles, actividades y responsabilidades dentro del equipo de trabajo del proyecto.
- Aprender a redactar informes técnicos y a elaborar productos del proyecto conforme a los requerimientos establecidos en el contrato y las directrices europeas.
- Comprender cómo planificar y coordinar reuniones transnacionales y eventos clave, asegurando su adecuación a los objetivos de diseminación y desarrollo del proyecto.
- Identificar y anticipar posibles problemas durante la fase de desarrollo, proponiendo estrategias para su resolución efectiva.

1. Organización del proyecto: calendario, equipo, hitos, actividades, plazos...

El calendario del proyecto constituye una herramienta central en la fase de desarrollo, ya que permite estructurar en el tiempo las diferentes actividades, supervisar el progreso, coordinar a los equipos y garantizar que los hitos y productos se entreguen conforme a lo estipulado en la propuesta aprobada por la entidad financiadora.

El calendario tiene varias funciones esenciales:

- Organizar secuencialmente las actividades previstas.
- Establecer los puntos de control (hitos) para evaluar el progreso.
- Distribuir responsabilidades y tareas a lo largo del tiempo.
- Evitar solapamientos o retrasos mediante la detección de dependencias entre tareas.

Fig. 1. El calendario facilita la toma de decisiones ante imprevistos o desviaciones

Para el diseño del calendario se deben tener en cuenta los siguientes factores:

Elemento	Descripción
Duración total del proyecto	Normalmente establecida en meses (por ejemplo, 24 o 36 meses).
Inicio y fin oficiales	Fechas estipuladas en el contrato con la Comisión Europea.
Distribución temporal de los paquetes de trabajo	Agrupaciones lógicas de actividades con objetivos comunes.
Secuencia de actividades	Tareas ordenadas cronológicamente según sus dependencias.
Hitos clave (milestones)	Momentos relevantes en los que se espera la finalización de una etapa o la entrega de un producto.
Fechas de reuniones y eventos	Reuniones transnacionales, conferencias, formaciones o eventos multiplicadores.
Entrega de informes	Informes intermedios, financieros, finales y otros documentos oficiales.

Anotación

El calendario aprobado por la agencia financiadora no es simplemente orientativo, sino contractualmente vinculante, por lo que cualquier modificación sustancial deberá justificarse adecuadamente y ser notificada a través de los procedimientos establecidos por el programa.

El calendario puede elaborarse y mantenerse actualizado mediante herramientas como:

- **Hojas de cálculo** (Excel, Google Sheets) con tablas por tareas y plazos.
- **Diagramas de Gantt**, que ofrecen una representación visual del desarrollo en el tiempo.
- **Software de gestión de proyectos**, como Microsoft Project, Trello, Asana o herramientas específicas de programas europeos como Beneficiary Module.

Supongamos un proyecto Erasmus+ con duración de 24 meses. Un fragmento del calendario en formato tabla podría incluir:

Actividad	Responsable	Mes de inicio	Mes de finalización	Hito asociado
Revisión de necesidades y recopilación de datos	Socio 1	Mes 1	Mes 3	Informe diagnóstico
Desarrollo del material de formación	Coordinador + Socios 2 y 3	Mes 4	Mes 10	Producto intelectual 1
Reunión transnacional de coordinación	Todos los socios	Mes 6	Mes 6	Acta de reunión
Implementación piloto	Socio 2	Mes 11	Mes 14	Informe de evaluación piloto
Evento multiplicador	Coordinador	Mes 20	Mes 20	Informe de impacto

Los hitos (en inglés, *milestones*) son momentos estratégicos dentro del desarrollo del proyecto que permiten validar el avance, verificar resultados intermedios y marcar puntos de inflexión en el ciclo de ejecución. Son fundamentales tanto para la coordinación interna como para el seguimiento por parte de la entidad financiadora.

¿Qué es un hito? Un hito es un punto de control que representa un acontecimiento importante dentro del proyecto. No es una actividad en sí misma, sino un resultado alcanzado o una condición cumplida, por ejemplo: la aprobación de un entregable, la celebración de una reunión importante o la conclusión de una fase de trabajo.

 Anotación

La existencia de hitos facilita la organización temporal del proyecto y permite introducir mecanismos de alerta temprana ante posibles desviaciones.

Los tipos de hitos frecuentes son:

Tipo de hito	Descripción	Ejemplo
Hitos de gestión	Momentos clave en la supervisión del proyecto.	Envío del informe intermedio o final.
Hitos técnicos	Resultado verificable de una tarea o paquete de trabajo.	Finalización de la plataforma formativa.
Hitos de diseminación	Eventos o entregables vinculados a la comunicación.	Publicación del sitio web o evento multiplicador.
Hitos formativos o pedagógicos	Logros alcanzados en los contenidos o actividades de formación.	Validación de un módulo educativo por los socios.

Para que un hito sea útil, debe cumplir estas características:

- **Específico**: debe estar claramente definido.
- **Medible**: su cumplimiento puede ser verificado con indicadores.
- **Alcanzable**: debe ser realista según los recursos disponibles.
- **Relevante**: debe estar directamente relacionado con los objetivos del proyecto.
- **Temporalizado**: debe tener asignado un momento concreto en el calendario.

Además, cada hito debe planificarse con antelación, determinando:

- Fecha prevista de cumplimiento.
- Indicadores de logro (por ejemplo, documento aprobado, herramienta en funcionamiento, evento celebrado).
- Responsable del seguimiento.
- Documentación asociada (actas, entregables, formularios de evaluación).

Esta tabla muestra un ejemplo de planificación de hitos:

Hito	Descripción	Fecha prevista	Indicador	Responsable
H1	Validación de necesidades formativas	Mes 3	Informe aprobado por todos los socios	Coordinador
H2	Plataforma de formación online funcional	Mes 8	Acceso operativo y testado	Socio técnico
H3	Evento multiplicador celebrado	Mes 20	Acta + registros de asistencia + fotografías	Socio anfitrión
H4	Entrega del informe final	Mes 24	Informe enviado a la agencia y confirmado	Coordinador

Anotación

Algunos programas como Erasmus+ exigen que los hitos estén reflejados en el formulario oficial de solicitud, en la sección de "timing of activities" o "milestones and deliverables". En estos casos, su cumplimiento no solo marca el desarrollo interno, sino también la justificación económica y técnica del proyecto.

Una correcta asignación de tareas garantiza que las **actividades del proyecto** se desarrollen de forma ordenada, eficiente y alineada con los objetivos estratégicos. La distribución del trabajo debe ser clara, proporcional y acorde a las capacidades y funciones de cada socio o miembro del equipo.

Los principios importantes para la asignación son los siguientes:

1. **Claridad**: cada tarea debe tener una descripción precisa y comprensible.
2. **Responsabilidad definida**: toda tarea debe estar asignada a una persona o entidad responsable.
3. **Equilibrio**: la carga de trabajo debe ser equilibrada entre los socios, evitando sobrecargas o vacíos operativos.
4. **Vinculación con los paquetes de trabajo**: las tareas deben estar alineadas con los WP (*Work Packages*) definidos en la planificación.
5. **Supervisión y coordinación**: cada tarea debe contar con un mecanismo de seguimiento o supervisión.

Por su parte, los tipos de tareas frecuentes son:

Tipo de tarea	Ejemplo
Gestión	Preparación de informes financieros, comunicación con la agencia
Técnica	Desarrollo de contenidos, diseño de una plataforma digital
Formativa	Pilotaje de materiales, sesiones con alumnado
Diseminación	Gestión de redes sociales, organización de eventos
Evaluación	Aplicación de encuestas, análisis de resultados

Para asignar tareas y darles seguimiento se pueden utilizar:

- Listas de tareas colaborativas (Trello, Notion, ClickUp).
- Hojas de cálculo compartidas.
- Diagramas de Gantt vinculados a actividades.
- Actas de reunión con distribución de funciones.

A continuación, se describe un ejemplo práctico de distribución de tareas:

Actividad	Responsable	Equipo implicado	Meses	Producto
Redacción del manual formativo	Socio 2	Expertos en contenido	4–8	Manual validado
Organización de taller piloto	Socio 3	Coordinador local + facilitadores	11–12	Informe de evaluación
Desarrollo del sitio web	Socio técnico	Diseñador + programador	2–6	Web funcional y publicada

Anotación

En algunos proyectos europeos, la no ejecución o baja calidad de tareas asignadas puede suponer un reajuste del presupuesto o incluso penalizaciones. Por tanto, es fundamental documentar cada asignación formalmente, idealmente dentro de un Plan de Trabajo firmado por todos los socios.

La ejecución eficaz del proyecto requiere una **estructura organizativa clara**, en la que cada miembro conozca su rol, sus responsabilidades y su posición dentro del equipo general.

Fig. 2. La estructura se basa tanto en el organigrama del consorcio como en los equipos internos de cada entidad socia

Los niveles de organización son:

- **Nivel de coordinación general:** Dirigido por el coordinador del proyecto, responsable del seguimiento global, la interlocución con la agencia financiadora y la gestión financiera
- **Nivel técnico:** Formado por profesionales encargados de tareas específicas: desarrollo de productos, contenidos, plataformas, etc.
- **Nivel administrativo**: Encargado de la gestión documental, justificación de gastos, control presupuestario y relaciones contractuales.
- **Nivel de evaluación y calidad**: Puede ser externo o interno. Se responsabiliza del seguimiento, análisis de resultados e informes de calidad.
- **Nivel de diseminación y comunicación**: Encargado de visibilizar el proyecto, dinamizar redes y producir materiales de difusión.

En este sentido, perfiles profesionales típicos son:

Rol	Función principal	Perfil recomendado
Coordinador/a general	Dirección, comunicación con la agencia	Experto en gestión de proyectos
Técnico/a de contenido	Desarrollo de materiales	Especialista en la temática del proyecto
Responsable de comunicación	Difusión de resultados	Profesional de marketing o comunicación
Técnico/a de evaluación	Diseño de herramientas y análisis de impacto	Experto/a en metodologías de evaluación
Gestor/a administrativo/a	Control de facturas, nóminas, presupuestos	Perfil contable o administrativo con experiencia en proyectos

 Anotación

En proyectos grandes es habitual que haya figuras delegadas por cada socio, llamadas líderes de paquete de trabajo (Work Package Leaders), que coordinan un conjunto de tareas específicas.

Un ejemplo de estructura organizativa es la siguiente:

Nivel	Rol	Responsable	Organización
Coordinación	Coordinador general	María González	Universidad X
Técnico	Responsable de contenidos	Jean Moreau	Centro Y
Evaluación	Experta externa en calidad	Eva López	Consultora Z
Comunicación	Community manager	Filip Petrov	Asociación W

 Importante

Esta estructura no solo debe existir en la práctica, sino quedar documentada en el proyecto y en los informes, para permitir la trazabilidad y evaluación del desempeño de los equipos implicados.

La **gestión de plazos y recursos** es una dimensión central en la ejecución de proyectos europeos, ya que permite mantener el proyecto dentro de los límites establecidos en cuanto a tiempo, costes y calidad.

Fig. 3. La supervisión constante del calendario y la disponibilidad de medios (humanos, técnicos y financieros) es importante para prevenir desviaciones y cumplir con los compromisos asumidos

A continuación, se describe la gestión de plazos:

1. **Planificación temporal realista:**
   o Debe considerar tanto las fases técnicas como los períodos administrativos y vacacionales.
   o Es importante prever márgenes de seguridad ante posibles retrasos.

2. **Control de desviaciones:**
   o Se establecen **fechas de revisión periódica**, vinculadas a entregables o reuniones.
   o Las desviaciones deben **documentarse y corregirse** mediante reprogramación o reasignación de tareas.

3. **Impacto contractual:**
   o El incumplimiento de plazos puede implicar **penalizaciones o reducciones en la financiación**.
   o Cualquier prórroga debe justificarse ante la agencia financiadora.

Importante

Los proyectos europeos funcionan en muchos casos con pagos condicionados al cumplimiento de hitos y plazos. El retraso en una actividad puede comprometer todo el flujo financiero.

Los recursos del proyecto se dividen en:

Tipo de recurso	Ejemplos	Gestión recomendada
Humanos	Personal técnico, formadores, evaluadores.	Planificación de disponibilidad y carga horaria.
Materiales	Equipos, publicaciones, materiales didácticos.	Inventario y control de adquisiciones.
Financieros	Presupuesto, subvenciones, pagos a socios.	Control mediante herramientas de contabilidad.

Anotación

La gestión eficiente de recursos implica asignarlos, monitorizar su uso, detectar carencias y optimizar su aplicación para alcanzar los resultados previstos sin sobrecostes.

A continuación, se describe en una tabla el seguimiento de plazos y recursos:

Actividad	Fecha límite	Responsable	Recursos asignados	Estado
Diseño de contenidos	30/11/2025	Socio 2	3 técnicos + software autoría	En curso
Traducción de materiales	15/12/2025	Coordinador	Presupuesto externo	No iniciada
Evento multiplicador	15/04/2026	Socio 4	Sala, catering, impresiones	Planificado

Fig. 4. El uso de herramientas digitales mejora significativamente la coordinación, el seguimiento y la eficiencia operativa en proyectos europeos, especialmente en contextos de cooperación transnacional y trabajo híbrido o a distancia

Con respecto a las herramientas de planificación y seguimiento destacan:

Herramienta	Función	Características destacadas
Trello / Notion / ClickUp	Gestión de tareas y seguimiento	Tableros visuales, etiquetas, calendarios, integración con Google Drive
Microsoft Project / GanttProject	Diagramas de Gantt, planificación temporal	Gestión de dependencias y recursos
Google Calendar / Outlook	Organización de reuniones y plazos	Alertas, calendarios compartidos

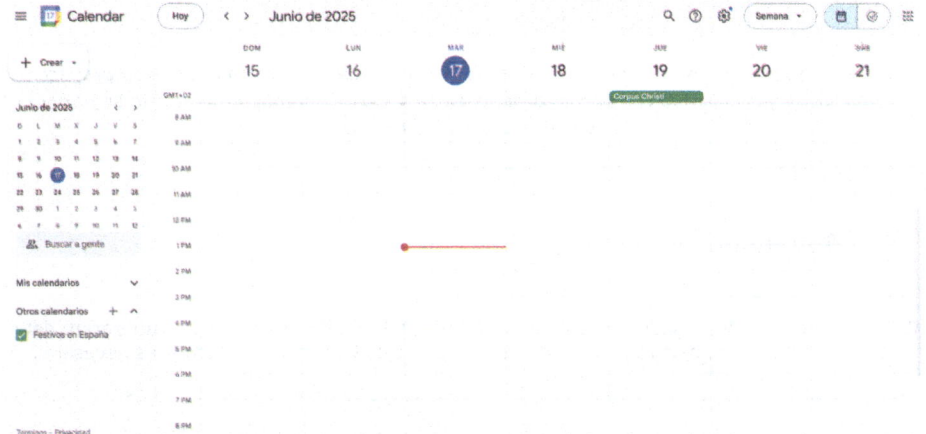

Fig. 5. El uso de calendarios compartidos como Google Calendar permite coordinar reuniones, plazos de entrega y eventos clave entre los socios del proyecto europeo, favoreciendo una gestión eficiente del tiempo

Por su parte, existen herramientas de comunicación y coordinación:

Herramienta	Función	Características
MS Teams / Zoom	Reuniones y comunicación en tiempo real	Videollamadas, chat, pantalla compartida
Slack / Mattermost	Comunicación interna rápida	Canales temáticos, historial de mensajes
Google Drive / Dropbox / OneDrive	Almacenamiento y colaboración documental	Control de versiones, permisos compartidos

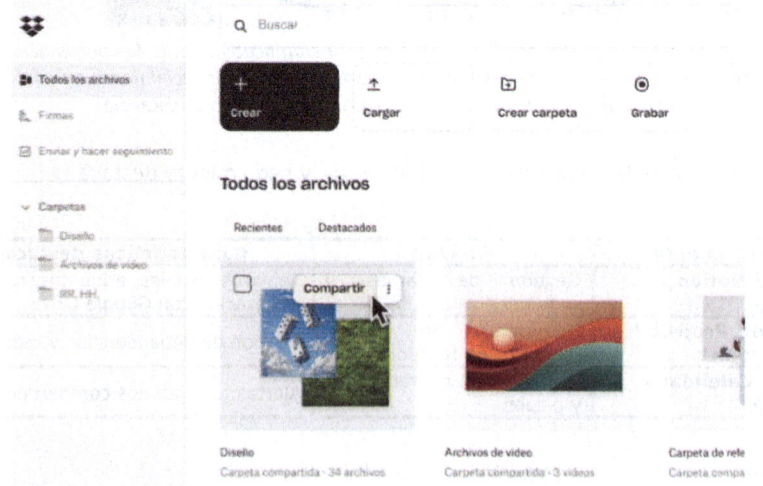

Fig. 6. Plataformas como Dropbox facilitan la gestión documental colaborativa en proyectos europeos, permitiendo compartir carpetas entre socios y garantizar un acceso seguro y actualizado a los archivos clave

 **Anotación**

Es recomendable consensuar desde el inicio del proyecto qué herramientas se utilizarán, definir reglas de uso (acceso, permisos, estructuras de carpetas) y formar al equipo si es necesario.

Por último, se expone un ejemplo de uso combinado:

Proceso	Herramienta digital
Gestión de tareas por socio	Trello con tableros por Work Package
Coordinación de reuniones mensuales	MS Teams con actas en Google Docs
Archivo documental	Google Drive con carpetas compartidas por tipo de producto
Seguimiento financiero y técnico	Mobility Tool+ actualizado tras cada actividad

2. Roles, actividades y responsabilidades en el desarrollo del proyecto

En todo proyecto europeo financiado por programas como Erasmus+, Horizonte Europa o Europa Creativa, la estructura de colaboración multinivel se basa en la asignación diferenciada de roles entre los socios y el coordinador. Esta distribución debe estar establecida desde el inicio del proyecto, recogida en el acuerdo de consorcio y reflejada en el contrato con la entidad financiadora.

El coordinador (*lead partner*) actúa como figura central del proyecto, siendo el principal interlocutor con la Comisión Europea o la Agencia Nacional. Asume responsabilidades tanto estratégicas como administrativas, incluyendo:

- Gestión financiera y contractual del proyecto.
- Distribución del presupuesto a los socios.
- Supervisión general del cumplimiento del plan de trabajo.
- Comunicación formal con la agencia financiadora.
- Coordinación de informes y entregables globales.

Importante

El coordinador no solo lidera, sino que rinde cuentas por el conjunto del proyecto. Por ello, su perfil debe combinar capacidad de gestión, solvencia técnica y experiencia previa.

Los socios beneficiarios participan activamente en la ejecución de tareas, aportando su especialización y recursos. Aunque no tienen la responsabilidad global del proyecto, sí asumen compromisos firmes recogidos en el contrato:

- Ejecución de tareas específicas asignadas en los paquetes de trabajo.
- Participación en reuniones, evaluaciones y eventos.
- Entrega de resultados parciales (productos, informes).
- Colaboración en la difusión y sostenibilidad del proyecto.
- Justificación de los gastos incurridos.

Los criterios para una distribución eficaz son:

Criterio	Aplicación
Experiencia previa	Asignar roles según historial en proyectos similares
Capacidad técnica	Identificar socios con competencias claras para cada tarea
Diversidad territorial o institucional	Aprovechar la complementariedad entre países o sectores
Carga de trabajo equilibrada	Evitar desequilibrios excesivos que generen tensiones o incumplimientos

Un ejemplo de distribución de roles puede ser el siguiente:

Rol / Tarea	Entidad Responsable	Justificación
Coordinación general	Universidad X (España)	Experiencia previa y capacidad administrativa
Desarrollo de contenidos	Centro de Formación Y (Francia)	Especialización en pedagogía digital
Evaluación del proyecto	Consultora Z (Alemania)	Perfil técnico en evaluación externa
Diseminación	ONG W (Italia)	Amplia red europea y capacidad comunicativa

Fig. 7. Una vez definidos los roles, es necesario detallar las tareas concretas asociadas a cada función, lo que permite estructurar el trabajo de forma efectiva y medible

Las principales tareas del coordinador incluyen:

- Convocar y dinamizar reuniones de socios.
- Elaborar y enviar informes técnicos y financieros.
- Controlar el cumplimiento del calendario y los hitos.
- Distribuir fondos y gestionar modificaciones contractuales.
- Centralizar la documentación y los canales de comunicación.
- Responder ante auditorías o solicitudes de la agencia financiadora.

Anotación

En algunos proyectos, el coordinador delega tareas específicas en un "Project Manager" interno, que se ocupa del seguimiento diario.

Estas tareas son responsabilidad compartida entre socios y pueden incluir:

- Desarrollo de contenidos, materiales y plataformas.
- Pilotaje de productos con usuarios o grupos objetivo.
- Traducción y adaptación de materiales a los contextos locales.
- Organización de sesiones formativas, talleres o eventos.

Estas tareas pueden recaer en un socio designado como evaluador interno o en una entidad externa contratada, e incluyen:

- Elaboración del plan de evaluación.
- Aplicación de encuestas, entrevistas y métodos de análisis.
- Redacción de informes de calidad y recomendaciones.
- Propuesta de ajustes para mejorar el desarrollo del proyecto.

Un ejemplo esquemático de asignación por área funcional es:

Área	Tareas específicas	Responsable
Coordinación	Calendario, informes, interlocución con la UE	Coordinador
Implementación	Desarrollo de contenidos, traducción, testeo	Todos los socios
Supervisión	Evaluación de calidad, control de resultados	Socio evaluador externo
Diseminación	Gestión web, redes sociales, publicaciones	Socio experto en comunicación

En el marco de los proyectos europeos, los entregables (*deliverables*) representan los resultados concretos que deben producirse durante la ejecución del proyecto: productos intelectuales, informes técnicos, materiales formativos, herramientas digitales, publicaciones, entre otros.

Fig. 8. La calidad de estos entregables debe responder a los objetivos del proyecto y a los estándares exigidos por la entidad financiadora

Los tipos de entregables son:

Tipo	Ejemplos
Técnicos	Manuales, plataformas, aplicaciones, materiales multimedia
Administrativos	Informes intermedios y finales, documentos justificativos
Comunicativos	Folletos, carteles, notas de prensa, informes de impacto
Evaluativos	Informes de calidad, cuestionarios analizados, propuestas de mejora

Cada entregable debe tener:

- Un socio líder, que lo elabora o coordina.
- Colaboradores, si se trata de un resultado colectivo.
- Un sistema de revisión y validación, a menudo bajo la responsabilidad del coordinador o del socio evaluador.

 **Importante**

Aunque un entregable esté asignado a un socio concreto, su calidad final es responsabilidad del consorcio, y puede afectar la reputación y financiación de todo el grupo.

Los criterios de calidad deben estar definidos en el **plan de calidad del proyecto**, que puede incluir aspectos como:

- Adecuación a los objetivos del proyecto.
- Claridad y usabilidad del contenido.
- Corrección lingüística y terminológica.
- Cumplimiento del formato requerido por el programa.
- Valoración positiva por parte de usuarios o expertos externos.

La evaluación de la calidad se caracteriza por:

Fase	Tarea	Responsable
Previa	Revisión de borradores y criterios	Coordinador + evaluador
Intermedia	Testeo de productos y análisis	Socios + grupos piloto
Final	Validación y cierre del entregable	Coordinador o líder del WP correspondiente

Ejemplo

Si un socio entrega un manual formativo, debe incluir un informe de validación interna, posibles test de usuarios y adaptaciones sugeridas. Su calidad será evaluada tanto por el coordinador como por la agencia.

La correcta gestión interna de los equipos técnicos y administrativos es esencial para garantizar el flujo continuo del proyecto, el cumplimiento de tareas y la eficiencia operativa. Cada socio debe organizarse internamente de forma profesional, incluso si su participación es parcial.

La composición del equipo interno es:

Rol	Función principal	Perfil recomendado
Responsable de proyecto interno	Coordina la participación del socio en el proyecto	Gestor de proyectos
Técnico/a de contenidos	Desarrolla productos, materiales o actividades	Especialista temático
Administrativa/o	Gestiona presupuestos, facturas y documentación	Perfil contable o de gestión
Comunicador/a	Publica contenidos, gestiona redes y difusión	Experto en comunicación digital

Además, se recomienda:

- Establecer **reuniones periódicas internas** en cada socio (mensuales o bimensuales).
- Hacer **seguimiento interno de tareas** asignadas, no depender solo de las reuniones del consorcio.
- Generar **informes de avance internos** breves para mantener al equipo alineado.

También es clave mantener una buena conexión entre el equipo técnico y el administrativo:

- El equipo técnico informa sobre avances, productos y necesidades.
- El equipo administrativo garantiza la justificación de los gastos, recopila evidencias y gestiona la relación contractual.
- Ambos equipos deben compartir acceso a herramientas y documentos (cronograma, presupuesto, plan de comunicación).

 Anotación

La falta de comunicación entre departamentos técnicos y administrativos puede producir problemas en la justificación económica, con consecuencias negativas para la financiación final del proyecto.

3. Elaboración de informes y productos

Los proyectos financiados con fondos europeos están sujetos a una **obligación formal de rendición de cuentas** ante la entidad financiadora. Esta rendición se materializa a través de informes periódicos, cuya tipología, frecuencia y formato varía según el programa (Erasmus+, Horizonte Europa, CERV, Europa Creativa, etc.).

Se describe a continuación la tipología general de informes:

Tipo de informe	Contenido	Momento de entrega
Informe inicial (*inception report*)	Plan de trabajo detallado, cronograma, acuerdos entre socios	Primeros meses tras el inicio
Informes intermedios	Avance técnico y financiero, entregables producidos, incidencias y ajustes	Mitad del proyecto o por periodos definidos (ej. anual)
Informe final	Resultados alcanzados, evaluación de impacto, justificación global técnica y económica	Al finalizar el proyecto
Informes de eventos	Descripción, participantes, evaluación, materiales y actas	Tras cada seminario, reunión transnacional o evento multiplicador
Informes de calidad o evaluación	Resultados de procesos evaluativos internos o externos	En fases clave o al cierre
Informes financieros parciales	Justificación de gastos con facturas, nóminas, partes de trabajo, etc.	Vinculados a los pagos por tramos

Ejemplo

En un proyecto Erasmus+ de 24 meses, puede exigirse un informe intermedio en el mes 12 y un informe final en el mes 24, ambos vinculados a la liberación de fondos por parte de la Agencia Nacional.

Los agentes implicados son:

- **Coordinador**: responsable de recopilar y enviar los informes completos.
- **Socios**: contribuyen con sus partes correspondientes (actividades, productos, gastos).
- **Evaluador externo** (si lo hubiera): puede aportar un informe independiente de calidad o impacto.

Fig.9. Aunque los informes pueden variar ligeramente según el programa o convocatoria, existen elementos estructurales comunes a la mayoría de ellos, que deben seguirse con precisión para facilitar la evaluación por parte de la entidad financiadora

La estructura típica de los informes intermedios y finales es la siguiente:

Sección	Contenido principal
Resumen ejecutivo	Visión general del avance o resultados
Descripción de actividades realizadas	Actividades por socio, cronograma, metodologías
Resultados obtenidos	Productos intelectuales, entregables, logros
Incidencias y soluciones aplicadas	Dificultades encontradas, ajustes de planificación
Evaluación de calidad	Procesos de validación, satisfacción de los usuarios
Impacto	Cambios generados, difusión, transferencia
Plan de sostenibilidad (solo final)	Cómo se mantendrán los resultados tras el proyecto
Anexos	Evidencias, materiales, actas, estadísticas, encuestas

 Anotación

En el informe final se espera una valoración global del proyecto y una demostración clara del valor añadido europeo generado.

Con respecto al formato y herramientas, nos referimos a:

- **Plantillas oficiales**: muchos programas (especialmente Erasmus+ y Horizonte Europa) facilitan plantillas oficiales a través de plataformas como Beneficiary Module o el Funding & Tenders Portal.
- **Idioma**: los informes deben presentarse en inglés, salvo excepciones específicas autorizadas.
- **Extensión**: no suele haber un límite fijo, pero se espera **precisión y claridad**. Los textos extensos deben ir acompañados de esquemas, tablas y anexos bien organizados.

Se expone un ejemplo simplificado de un esquema de un informe intermedio (Erasmus+):

1. Resumen del estado del proyecto.
2. Actividades realizadas por cada socio.
3. Productos desarrollados y en curso.
4. Evaluación interna y satisfacción.
5. Comunicación y difusión.
6. Justificación de gastos (desglose por categorías).
7. Documentación anexa (actas, imágenes, enlaces).

A continuación, se muestra un ejemplo de estructura real utilizada en la justificación final de actuaciones financiadas dentro de programas nacionales de apoyo a la preparación y gestión de proyectos europeos. Esta plantilla, correspondiente al Informe de Seguimiento Científico-Técnico Final del programa GPE 2022, permite ilustrar cómo deben estructurarse los contenidos clave del informe: desde la descripción de objetivos hasta el detalle de actividades, indicadores y formación del equipo.

El apartado B del informe se centra específicamente en los resultados de la actuación ejecutada. Incluye la presentación de evidencias, entregables, indicadores de impacto, incidencias surgidas y medidas adoptadas, así como la formación del personal gestor y técnico vinculado al proyecto. Este tipo de documentación constituye una referencia válida tanto para informes de programas nacionales como para el diseño de informes intermedios o finales en el contexto de proyectos europeos (como Erasmus+, Horizonte Europa o Interreg).

A continuación, se expone la estructura del apartado B del modelo oficial:

B. Informe de resultados de la actuación.

(Máximo 8 hojas para todo el apartado B. Podrán adjuntarse a la memoria tantas evidencias o entregables sean necesarios para la verificación de la información mencionada. Asimismo, podrá incluirse en el texto del informe enlaces a páginas web que permitan dicha verificación).

B1. Objetivos de la actuación, tareas asociadas y actividades relacionadas

Explicar de forma clara cómo se han desarrollado las tareas y actividades relacionadas con los objetivos e hitos comprometidos en el **apartado 3.1** y **3.3** de la memoria de solicitud y en el **apartado 2.2** del cuestionario de solicitud, aportando los entregables comprometidos.

B2. Indicadores Del proyecto

Realice una valoración del grado de consecución de los objetivos alcanzados en los indicadores comprometidos para los años 2023 y 2024 en el **apartado 2.11 Indicadores** del cuestionario de solicitud, explicando las dificultades encontradas y los logros conseguidos a pesar de ellas, el impacto científico-técnico, económico y social que ha tenido en su institución y su influencia en la participación en convocatorias de programas internacionales, tanto comunitarios como extracomunitarios.

Se debe adjuntar también la tabla Excel según el modelo "RESULTADO_INDICADORES_APARTADO_2.11_CUESTIONARIO_SOLICITUD_GPE_2022" publicado en la sección "Justificación y seguimiento" de la página web de la convocatoria.

B3. Descripción de otras actividades desarrolladas

Descripción de cómo se han desarrollado de las actividades previstas en los **apartados 3.4**, **4** y **6** de la memoria de solicitud, así como de las dificultades y/o problemas que hayan podido surgir durante el desarrollo del proyecto y de cualquier cambio que se haya producido respecto a lo inicialmente previsto, justificando adecuadamente su necesidad para la consecución de los objetivos de la actuación.

3.4 Plan de estabilidad de la OPE

4. Plan de seguimiento y control

6.2 Subcontrataciones

6.3 Viajes directamente relacionados con la actuación

6.4 Adquisición de programas informáticos específicos para la gestión de los proyectos europeos

6.7 Participación en plataformas específicas para la búsqueda de socios y formación de consorcios en Horizonte Europa o relacionadas con la gestión de proyectos europeos

6.8 Actividades de apoyo y asesoramiento, consultoría de gestión, asistencia tecnológica, servicios de transferencia tecnológica, traducción y corrección de propuestas

B4. Descripción del desarrollo del plan de formación y cualificación de los gestores de proyectos

Dentro de este apartado, enuncie cómo se ha desarrollado el plan formativo de los gestores y de los investigadores de la entidad, destacando la formación relativa a la gestión de proyectos de Horizonte Europa, y la organización de cursos, jornadas y seminarios previstos en esta actuación, así como cualquier cambio que se haya producido respecto a los objetivos inicialmente planteados, justificando adecuadamente su necesidad para la consecución de los objetivos de la actuación. Relacionado con los apartados 3.2, 6.5 y 6.6 de la <u>memoria de solicitud</u>.

3.2. Plan formativo y actividades formativas

6.5 Actividades de formación del personal asociado a la actuación: cursos de formación, jornadas o seminarios

6.6 Organización de jornadas sobre Horizonte Europa

Por su parte, los productos intelectuales y resultados tangibles constituyen uno de los principales indicadores del éxito de un proyecto europeo. Se trata de los outputs previstos en la propuesta aprobada y que deben ser generados, documentados, validados y compartidos durante la ejecución del proyecto.

¿Qué son productos intelectuales?

En programas como Erasmus+, los productos intelectuales (*Intellectual Outputs*) son resultados con un **componente innovador, transferible y replicable**. Pueden incluir:

- Manuales formativos y guías metodológicas
- Plataformas educativas, cursos en línea y apps
- Informes de investigación o diagnóstico
- Modelos de intervención o buenas prácticas
- Recursos audiovisuales o multimedia

¿Qué son resultados tangibles?

Son evidencias materiales del trabajo realizado, incluso si no tienen un componente intelectual complejo:

- Actas de reuniones.
- Cuestionarios aplicados.
- Informes técnicos parciales.
- Presentaciones, carteles o folletos.

Todo resultado debe cumplir con:

- El formato definido en la propuesta.
- Las fechas establecidas en el cronograma.
- La atribución clara de autoría y licencia de uso (por ejemplo, Creative Commons).

Ejemplo

Un proyecto sobre competencias digitales puede producir una plataforma de formación, varios módulos SCORM, una guía pedagógica descargable y un vídeo promocional subtitulado en 4 idiomas.

Cada producto generado en el marco de un proyecto europeo debe cumplir unos **criterios de calidad previamente definidos,** tanto para garantizar su utilidad como para facilitar su evaluación externa. Estos criterios se recogen habitualmente en un **Plan de calidad** diseñado al inicio del proyecto.

Los principales criterios de calidad son:

Criterio	Aplicación
Pertinencia	Relación directa con los objetivos del proyecto
Exactitud técnica	Rigor en los contenidos, datos y referencias
Usabilidad	Claridad, funcionalidad, accesibilidad del producto
Multilingüismo	Disponibilidad en varios idiomas, si procede
Formato adecuado	Adaptación al canal de difusión: PDF, web, vídeo, etc.
Estética y diseño	Coherencia visual, uso de logotipos según normas

Antes de presentar los productos a la agencia o al público, deben pasar por un proceso de validación interna que puede incluir:

- Revisión por parte del **líder del Work Package** responsable.
- Testeo por otros socios o por grupos piloto.
- Verificación lingüística y de maquetación.
- Comprobación de los indicadores de calidad definidos.

Se expone un ejemplo de checklist interno de validación:

Producto	Revisión técnica	Corrección lingüística	Validado por	Fecha
Guía metodológica	✓	✓	Coordinador	15/03/2025
Plataforma e-learning	✓ (Socio IT)	N/A	Todos los socios	20/04/2025

 Anotación

Se recomienda dejar constancia documental del proceso de validación interna mediante formularios, actas o informes breves.

Fig. 10. La comunicación eficaz entre el coordinador, los socios y la agencia financiadora es esencial para garantizar el flujo correcto de los informes y productos, así como para resolver cualquier duda o incidencia durante la ejecución

A. Con los socios

La comunicación interna sobre los informes debe incluir:

- Cronograma de entregas internas.
- Plantillas y modelos comunes.
- Revisión cruzada entre socios para garantizar coherencia.
- Reuniones periódicas para seguimiento y coordinación de contenidos.

Anotación

Es frecuente que el coordinador solicite a los socios una entrega previa de sus contribuciones al informe completo con al menos 2–3 semanas de antelación, para tener margen de edición y consolidación.

B. Con la agencia financiadora

La relación con la entidad financiadora debe ser:

- **Formal y documentada**: usando los canales oficiales (plataformas como Mobility Tool+, Beneficiary Module, Funding & Tenders Portal).
- **Respetuosa del calendario**: cumpliendo plazos sin demoras.
- **Clara ante incidencias**: si surge una dificultad o modificación sustancial, debe notificarse de forma motivada.

Se expone a continuación un ejemplo de prácticas recomendadas:

Acción	Medio	Responsable
Envío del informe intermedio	Beneficiary Module	Coordinador
Solicitud de aclaración a la agencia	Correo formal + anexo	Coordinador
Revisión del informe por socios	Google Docs compartido	Todos los socios

 Ejemplo

Si un socio tiene retraso en su parte del informe, el coordinador puede reorganizar los contenidos priorizando secciones ya finalizadas y pedir una prórroga interna. Sin embargo, el envío a la agencia debe respetar la fecha límite oficial, salvo justificación formal aceptada.

4. Organización de reuniones transnacionales y otros eventos: seminarios, conferencias, ferias...

Los proyectos europeos, especialmente aquellos financiados por programas como **Erasmus+, Horizonte Europa, Europa Creativa** o **CERV**, incorporan una variedad de eventos cuyo propósito es coordinar, validar, diseminar y transferir resultados.

Fig. 11. Estos eventos pueden ser presenciales, virtuales o híbridos

Pueden clasificarse en función de su finalidad, participantes y momento del proyecto:

Tipo de evento	Descripción	Participantes
Reuniones transnacionales de coordinación (TPM)	Encuentros periódicos del consorcio para hacer seguimiento técnico y administrativo	Coordinador + representantes de cada socio
Reuniones técnicas o por paquete de trabajo	Reuniones específicas entre socios responsables de tareas concretas	Equipos técnicos y responsables de WP
Eventos multiplicadores (Multiplier Events)	Actividades públicas para difundir los resultados del proyecto a agentes externos	Público objetivo: profesorado, instituciones, administraciones, ONGs, etc.
Jornadas formativas o pilotajes	Talleres prácticos para probar materiales, capacitar usuarios o recibir retroalimentación	Grupos piloto, alumnado, usuarios finales
Seminarios, conferencias o ferias	Participación en espacios de intercambio sectorial o académico	Socios del proyecto y agentes externos relevantes
Visitas de estudio o *job-shadowing*	Movilidades para observación de buenas prácticas	Técnicos, formadores, gestores de proyecto

Ejemplo

En un proyecto Erasmus+ de innovación educativa, se pueden realizar 4 reuniones transnacionales (una por semestre), 2 eventos multiplicadores (uno por país líder de producto), y 3 jornadas de pilotaje con usuarios.

Los eventos y reuniones no son actividades accesorias, sino herramientas estratégicas para el éxito del proyecto. Cada uno debe estar alineado con los objetivos generales y específicos planteados en la propuesta aprobada.

Los objetivos principales de las reuniones transnacionales son:

1. Coordinar el progreso técnico y administrativo.
2. Compartir avances entre socios y validar entregables.
3. Ajustar la planificación ante imprevistos.
4. Establecer compromisos y reparto de tareas.
5. Fortalecer la cooperación y resolver conflictos.

Y los objetivos de los eventos multiplicadores y formativos son:

1. Difundir los resultados a escala local, nacional o europea.
2. Involucrar a los usuarios finales en el proceso de validación.
3. Fortalecer redes y alianzas institucionales.
4. Recoger feedback para mejorar la sostenibilidad del proyecto.
5. Demostrar el impacto social o sectorial de los resultados.

Tanto reuniones como eventos deben integrarse en la estrategia de comunicación, difusión y sostenibilidad del proyecto. No se trata solo de cumplir con el calendario, sino de aprovechar estas acciones para:

- Ampliar el alcance del proyecto.
- Multiplicar la visibilidad en medios y redes.
- Posicionar a los socios como referentes en su ámbito.

Anotación

En los formularios oficiales (por ejemplo, de Erasmus+), los eventos multiplicadores deben estar descritos con detalle, incluyendo número estimado de participantes, objetivos, metodología, y presupuesto previsto. Cualquier modificación debe notificarse con antelación.

La planificación logística y técnica es fundamental para garantizar que cada evento, reunión o actividad se desarrolle conforme a los estándares del proyecto y a las expectativas de los participantes. Esto incluye la preparación anticipada, la dotación de recursos, la gestión de tiempos, y el uso de herramientas adecuadas.

Los elementos de la planificación logística son:

Elemento	Detalles
Fecha y duración	Selección estratégica según calendario general; evitar solapamientos con otros hitos
Ubicación	Sede física accesible o plataforma digital estable y segura
Infraestructura	Sala equipada, conexión a internet, proyector, ordenadores, espacio para grupos
Viajes y alojamiento	Reserva coordinada para los socios desplazados (si procede)
Materiales de apoyo	Agendas, documentación, traducciones, material impreso o digital

Los aspectos técnicos para eventos online o híbridos son los siguientes:

- Plataforma estable (Zoom, MS Teams, Webex).
- Moderación profesional y control de tiempos.
- Grabación si es necesario (previa autorización).
- Traducción simultánea (si se ha presupuestado).
- Inscripción previa y gestión de accesos.

Ejemplo

Para un evento multiplicador, es conveniente preparar un dosier informativo con programa, perfil de ponentes, indicaciones logísticas y enlaces a los productos del proyecto.

Fig.12. La organización de eventos suele estar liderada por un socio concreto, pero requiere la colaboración activa de todo el consorcio, especialmente en la difusión previa y en la recopilación de evidencias

La coordinación entre socios se basa en:

- Reuniones preparatorias virtuales.
- Reparto de tareas: logística, presentación de productos, atención a invitados, moderación, comunicación.
- Compartición de materiales (presentaciones, vídeos, *flyers*).
- Ensayos previos para testear el desarrollo del evento (especialmente si es en línea).

Con respecto a la documentación obligatoria:

Documento	Finalidad
Programa del evento	Agenda detallada, objetivos, ponentes
Lista de asistentes	Justificación ante la agencia (nombre, entidad, firma, correo)
Acta de desarrollo	Descripción del evento, incidencias, participantes, valoraciones
Materiales utilizados	Presentaciones, vídeos, enlaces, productos entregados
Pruebas gráficas	Fotografías, capturas de pantalla, enlaces de prensa o redes sociales

 Anotación

La recopilación de documentación no es solo una buena práctica, sino un requisito para la justificación económica de los fondos asignados al evento.

Evaluar el impacto de los eventos permite medir su efectividad, detectar áreas de mejora y proporcionar datos verificables sobre la visibilidad y relevancia del proyecto. Esta evaluación debe ser tanto cuantitativa como cualitativa.

Los indicadores de impacto son:

Tipo	Ejemplos
Cuantitativos	Nº de participantes, perfiles representados, número de productos difundidos
Cualitativos	Nivel de satisfacción, relevancia percibida, intención de uso de los materiales
Mediáticos	Presencia en prensa, redes sociales, blogs o medios institucionales
Transferencia	Solicitudes de colaboración, uso posterior de los productos, referencias externas

Por su parte, las herramientas de evaluación pueden ser:

- Cuestionarios de satisfacción (anónimos o nominales).
- Entrevistas breves o *focus groups* tras el evento.
- Observación directa y actas internas.
- Métricas web o de redes sociales (visitas, compartidos, clics).

Se expone un ejemplo de los indicadores para evaluar un evento multiplicador:

Indicador	Resultado esperado	Resultado real
Nº asistentes	≥ 40 personas	52 personas
Grado de satisfacción global	≥ 80% positiva	92% positiva
Participantes que consideran replicar el material	≥ 60%	75%
Difusión en redes sociales	≥ 3 publicaciones institucionales	6 publicaciones

 Anotación

Incluir un resumen de estos indicadores en el informe final del proyecto mejora la valoración del impacto por parte de la agencia financiadora.

5. Problemas que pueden surgir y estrategias para anticiparlos y/o resolverlos

La fase de desarrollo de un proyecto europeo, aunque planificada con antelación, está expuesta a riesgos internos y externos que pueden afectar su ejecución, calidad o impacto. Por ello, la identificación temprana y sistemática de estos riesgos es fundamental para poder diseñar estrategias preventivas y de contingencia.

Un riesgo es cualquier evento potencial que, de producirse, tendría un impacto negativo sobre los objetivos del proyecto. No se trata de problemas ya ocurridos, sino de posibilidades plausibles que deben ser monitorizadas.

La tipología de riesgos es:

Tipo de riesgo	Ejemplos
Técnico	Fallos en la plataforma, errores en los productos intelectuales
Operativo	Baja participación en las actividades, falta de cumplimiento de los entregables
Financiero	Retrasos en los pagos, desviaciones presupuestarias
Administrativo	Dificultades en la justificación, errores de facturación
Relacional	Conflictos entre socios, falta de implicación o abandono
Contextual o externo	Cambios legislativos, huelgas, crisis sanitarias, guerras, desastres naturales

La identificación de riesgos debe incluir:

- Descripción del riesgo.
- Probabilidad de ocurrencia (alta, media, baja).
- Impacto potencial (alto, medio, bajo).
- Medidas preventivas.
- Planes de contingencia.

A continuación, se describe un ejemplo de análisis de riesgos:

Riesgo	Probabilidad	Impacto	Prevención	Contingencia
Retraso en entrega de producto	Alta	Alto	Seguimiento mensual	Reasignación temporal a otro socio
Fallo en herramienta digital	Media	Medio	Pruebas previas + soporte técnico	Migración a herramienta alternativa
Abandono de un socio	Baja	Alto	Contrato claro y compromiso documentado	Redistribución de tareas entre socios restantes

Anotación

Muchos programas (como Horizonte Europa) exigen la entrega de un plan de gestión de riesgos como parte del paquete de gestión del proyecto.

Incluso con una planificación sólida, los proyectos europeos suelen enfrentarse a **problemas prácticos** derivados de la complejidad de su estructura multinacional y la diversidad institucional de los socios.

Los problemas en la ejecución de tareas pueden ser:

Problema	Causa común	Consecuencias
Tareas no realizadas o entregadas tarde	Falta de organización interna, sobrecarga, rotación de personal	Retrasos en hitos, productos incompletos
Resultados de baja calidad	Falta de experiencia o de revisión técnica	Rechazo del producto por parte del coordinador o agencia
Errores en la documentación asociada	Desconocimiento de requisitos formales	Problemas de justificación, pérdida de financiación

Los problemas en la coordinación entre socios pueden ser los siguientes:

Problema	Causa común	Consecuencias
Falta de respuesta o comunicación	Diferencias culturales, sobrecarga laboral, desinterés	Bloqueo de decisiones, tensiones internas
Reuniones mal organizadas o sin actas claras	Falta de estructura, agendas poco definidas	Falta de seguimiento y cumplimiento de acuerdos
Desigual implicación entre socios	Reparto de tareas poco equilibrado o no realista	Conflictos, necesidad de reasignar actividades

Anotación

Una forma útil de minimizar estos problemas es incluir un sistema interno de alertas y revisiones mensuales o trimestrales con informes de avance por parte de cada socio.

Fig.13. En los proyectos europeos, donde intervienen múltiples socios de diferentes países, contextos institucionales y culturas organizativas, los conflictos son posibles y deben ser gestionados de forma proactiva y profesional para evitar que comprometan el desarrollo del proyecto

Los tipos de conflictos frecuentes son:

Tipo de conflicto	Ejemplo
Interno entre socios	Reparto desigual de tareas, retrasos, desacuerdos sobre resultados
Interno dentro de un socio	Mala comunicación entre el equipo técnico y el administrativo
Con la entidad financiadora	Interpretación distinta sobre entregables o justificación de gastos
Con agentes externos	Reacciones negativas a resultados, problemas éticos o reputacionales

Por su parte, con respecto a las estrategias de gestión, destacan:

1. Establecer canales de comunicación claros desde el inicio del proyecto.
2. Documentar los acuerdos y decisiones mediante actas y contratos internos.
3. Designar una figura neutral o mediadora, como un comité de seguimiento.
4. Resolver los desacuerdos en etapas tempranas, antes de que escalen.

5. Evitar la personalización del conflicto, centrándose en los hechos y soluciones.

 **Ejemplo**

Si un socio no entrega los productos asignados en tiempo y forma, el coordinador debe convocar una reunión específica para abordar el problema, identificar las causas y, si es necesario, redistribuir tareas con apoyo documentado.

Prevenir es siempre más eficiente que corregir. Por ello, los proyectos deben incluir, desde la fase inicial, mecanismos de prevención de riesgos y planes de contingencia frente a posibles escenarios adversos.

En este sentido, algunas estrategias de prevención son:

- Planificación realista y flexible.
- Distribución equilibrada de tareas entre socios.
- Formación y capacitación del personal implicado.
- Uso de herramientas de seguimiento y control.
- Reuniones periódicas con indicadores claros.

Una contingencia es una respuesta prevista ante la materialización de un riesgo. El plan de contingencias debe prever:

- Alternativas técnicas (por ejemplo, cambiar de plataforma digital).
- Reasignación de tareas (si un socio falla).
- Ajustes presupuestarios o reprogramaciones justificadas.
- Canales para notificar cambios a la agencia financiadora.

A continuación, se describe un ejemplo de medidas de contingencia para una reunión internacional cancelada:

Riesgo	Contingencia prevista
Restricciones de viaje	Convertir la reunión en evento híbrido o 100% virtual
Baja participación	Realizar encuestas previas, grabar las sesiones y difundirlas
Fallo técnico en la plataforma	Contar con un plan B (segunda herramienta ya configurada)

 Anotación

El plan de contingencias puede integrarse en el Plan de Calidad o como anexo al Plan de Gestión del proyecto.

El seguimiento continuo del proyecto permite detectar problemas antes de que se conviertan en bloqueos graves. Para ello, deben establecerse protocolos claros y compartidos que regulen cómo actuar ante incidencias.

Los elementos de un protocolo eficaz son:

1. **Sistema de reporte de incidencias:** Cada socio debe poder comunicar problemas técnicos, organizativos o financieros.
2. **Registro de incidencias**: Documentar cada incidencia con fecha, responsable, descripción y acciones tomadas.
3. **Plazos de respuesta**: Establecer un plazo máximo para la reacción ante incidencias notificadas.
4. **Revisión y cierre**: Confirmación por parte del coordinador o comité de seguimiento de que la incidencia ha sido resuelta.
5. **Evaluación del impacto**: Analizar si la incidencia ha afectado a la planificación o calidad del proyecto.

Un ejemplo de plantilla de registro de incidencia podría ser:

Nº	Fecha	Descripción	Socio implicado	Medida adoptada	Estado
03	12/04/25	Fallo en el acceso a plataforma formativa	Socio 2	Activación de soporte técnico + solución en 48h	Resuelta

 Anotación

El seguimiento sistemático de incidencias mejora la coordinación interna y refuerza la credibilidad del consorcio ante la agencia financiadora y durante auditorías externas.

Resumen

El desarrollo del proyecto constituye la fase en la que se materializan las acciones planificadas, se gestionan los equipos implicados y se generan los productos comprometidos. Esta etapa requiere una organización rigurosa, basada en la distribución eficiente del trabajo, el cumplimiento de los plazos y la adecuada documentación de todo el proceso. Para ello, el calendario general actúa como eje vertebrador, al establecer la secuencia temporal de actividades, hitos y entregables, permitiendo realizar un seguimiento continuo y detectar desviaciones a tiempo.

Una parte esencial del desarrollo es la asignación de tareas y responsabilidades a los diferentes socios del consorcio. El coordinador lidera la ejecución global del proyecto y mantiene la comunicación con la agencia financiadora, mientras que los socios beneficiarios desarrollan tareas técnicas, de difusión, formación, evaluación o gestión, según lo establecido en el acuerdo de consorcio. La estructura interna de los equipos técnicos y administrativos debe estar bien definida, garantizando que cada perfil profesional asuma funciones específicas y esté implicado en el cumplimiento de los objetivos.

Durante esta fase también se elaboran los informes técnicos y financieros exigidos por el programa financiador. Estos pueden ser intermedios o finales, y deben reflejar con precisión las actividades realizadas, los resultados obtenidos, los problemas encontrados y las soluciones aplicadas. Los informes deben ajustarse a los modelos oficiales y ser entregados a través de las plataformas correspondientes, como Mobility Tool+ o el Beneficiary Module. A su vez, los productos intelectuales y entregables deben cumplir con criterios de calidad y pasar por procesos internos de validación antes de ser compartidos o difundidos.

Otra dimensión del desarrollo del proyecto es la organización de reuniones transnacionales, eventos multiplicadores y otras actividades que permiten coordinar al consorcio, formar a los beneficiarios y difundir los resultados. Estos eventos deben planificarse con antelación, contando con la logística, documentación y personal adecuados. Además, deben estar alineados con los objetivos del proyecto y evaluarse en términos de impacto y eficacia, mediante indicadores y cuestionarios de satisfacción.

A lo largo de esta fase, pueden surgir problemas o incidencias que afecten al calendario, la calidad de los productos o la relación entre socios. Por ello, es fundamental contar con mecanismos de seguimiento, protocolos de resolución de conflictos y planes de contingencia. La identificación temprana de riesgos, ya sean técnicos, operativos, financieros o contextuales, permite anticiparse a ellos y garantizar la continuidad del proyecto. Una buena gestión de incidencias incluye la documentación de cada caso, su análisis, las medidas correctivas aplicadas y la evaluación de su impacto.

Por tanto, el desarrollo del proyecto requiere una combinación de planificación, coordinación, seguimiento, comunicación y documentación, que garantice la ejecución exitosa de todas las acciones previstas, el cumplimiento de los compromisos adquiridos y la generación de un impacto tangible y sostenible en el ámbito de intervención.

Glosario

Acta

Documento oficial que resume lo tratado y acordado en una reunión, incluyendo participantes, temas discutidos, decisiones y tareas asignadas.

Calendario del proyecto

Cronograma global que establece la distribución temporal de actividades, tareas, hitos y entregables del proyecto.

Coordinador

Entidad líder del proyecto, responsable de la gestión global, interlocución con la agencia financiadora y supervisión de la ejecución del plan de trabajo.

Contingencia

Medida prevista para afrontar un riesgo o problema potencial durante el desarrollo del proyecto, con el fin de minimizar su impacto.

Deliverable (entregable)

Resultado concreto de una tarea o paquete de trabajo que debe ser producido y entregado en el marco del proyecto (puede ser un informe, producto, plataforma, etc.).

Evento multiplicador

Actividad de difusión organizada para compartir los resultados del proyecto con agentes externos, como instituciones educativas, ONGs, autoridades públicas o el público general.

Evaluación del impacto

Proceso para valorar los efectos que ha tenido el proyecto sobre sus beneficiarios y entorno, mediante indicadores cualitativos y cuantitativos.

Hito (*milestone*)

Punto clave en el desarrollo del proyecto que marca la finalización de una etapa, la validación de un resultado o un momento de toma de decisiones.

Indicador

Medida utilizada para evaluar el progreso o éxito de una actividad, entregable o resultado del proyecto.

Informe final

Documento obligatorio que resume y evalúa los resultados, el impacto, la ejecución técnica y la gestión financiera del proyecto una vez concluido.

Informe intermedio

Documento que detalla el estado de avance del proyecto en su fase media, incluyendo actividades realizadas, entregables y situación presupuestaria.

Movilidad

Desplazamiento físico de personas en el marco del proyecto, normalmente para participar en reuniones, formaciones o actividades de cooperación.

Paquete de trabajo (Work Package)

Conjunto coherente de tareas agrupadas según objetivos funcionales del proyecto, cada uno con sus propios responsables, cronograma y entregables.

Plan de contingencias

Documento o conjunto de medidas previstas para afrontar posibles desviaciones o incidencias durante la ejecución del proyecto.

Plataforma colaborativa

Herramienta digital que permite a los socios compartir archivos, gestionar tareas y coordinar la ejecución del proyecto de manera remota (ej. Trello, Notion, Google Drive).

Producto intelectual

Resultado innovador del proyecto con valor añadido europeo, replicable y útil para el sector, como manuales, aplicaciones o recursos didácticos.

Riesgo

Posibilidad de que ocurra un evento no deseado que afecte negativamente el desarrollo del proyecto.

Socio beneficiario

Entidad participante en el consorcio que colabora en la ejecución del proyecto, con tareas y responsabilidades asignadas.

Validación interna

Proceso de revisión y aprobación de los productos y entregables del proyecto antes de su publicación o envío a la agencia financiadora.

Ejercicios de autoevaluación

1. **¿Cuál de los siguientes elementos no forma parte del calendario general de un proyecto europeo?**

   a. Hitos.
   b. Entregables.
   c. Resultados esperados de impacto.
   d. Contratos de personal.

2. **¿Qué herramienta es especialmente útil para representar visualmente la duración y secuencia de tareas?**

   a. Excel.
   b. Notion.
   c. Diagrama de Gantt.
   d. Zoom.

3. **¿Qué entidad suele asumir la responsabilidad global del proyecto y la comunicación con la agencia financiadora?**

   a. El socio evaluador.
   b. El coordinador.
   c. Cualquier entidad socia.
   d. La Comisión Europea.

4. **¿Qué documento recoge los roles y funciones acordados entre los socios?**

   a. Informe intermedio.
   b. Cronograma.
   c. Acuerdo de consorcio.
   d. Plan de sostenibilidad.

5. ¿Cuál es un producto intelectual típico en proyectos europeos?

a. Una factura.

b. Un informe de reunión.

c. Una plataforma de formación online.

d. Un listado de asistencia.

6. ¿Qué tipo de evento tiene como fin principal la visibilidad pública del proyecto?

a. Evento multiplicador.

b. Reunión transnacional.

c. Visita técnica.

d. Formación interna.

7. ¿Qué herramienta se usa comúnmente para reuniones en línea?

a. Trello.

b. Notion.

c. Moodle.

d. Microsoft Teams.

8. ¿Qué elemento no se considera una evidencia justificativa adecuada en un evento?

a. Lista de asistentes.

b. Acta del evento.

c. Currículum del moderador.

d. Fotografías.

9. ¿Qué característica es deseable en todo entregable?

    a. Que tenga una extensión superior a 30 páginas.

    b. Que esté en formato físico únicamente.

    c. Que cumpla con criterios de calidad y utilidad.

    d. Que esté restringido al uso interno del consorcio.

10. ¿Qué riesgo se considera contextual?

    a. Huelgas o conflictos bélicos.

    b. Mala planificación del cronograma.

    c. Falta de implicación de un socio.

    d. Pérdida de documentación.

U. A. 5. Seguimiento, evaluación, diseminación y valorización

Introducción

En el contexto de los proyectos europeos, las fases de seguimiento, evaluación, diseminación y valorización son esenciales para garantizar la correcta ejecución del proyecto, y también su impacto y sostenibilidad a largo plazo. Estas actividades no son procesos aislados, sino funciones transversales que deben planificarse desde el inicio y mantenerse activas durante todo el ciclo de vida del proyecto.

El seguimiento permite controlar el progreso de las actividades, detectar desviaciones a tiempo y aplicar medidas correctoras, mientras que la evaluación analiza los resultados obtenidos en relación con los objetivos propuestos, aportando datos para mejorar futuros proyectos. Por su parte, la diseminación y la valorización aseguran que los resultados del proyecto se compartan de manera efectiva con las partes interesadas y se integren en prácticas, políticas o nuevas iniciativas, extendiendo su alcance más allá del grupo de beneficiarios directos.

Diseñar y ejecutar estas estrategias requiere una planificación minuciosa, herramientas adecuadas y una visión clara del valor añadido del proyecto. Además, implica una labor de comunicación constante y el uso de indicadores que permitan medir tanto el rendimiento como el impacto.

Objetivos

- Identificar las estrategias de seguimiento adecuadas para controlar el avance de los proyectos europeos en sus distintas fases.
- Aprender a diseñar e implementar planes de seguimiento, incluyendo la definición de indicadores, cronogramas y responsables.
- Comprender cómo seleccionar e integrar métodos de evaluación que permitan valorar los resultados, procesos y el impacto de los proyectos.
- Aprender a elaborar un plan de evaluación eficaz que combine aspectos cuantitativos y cualitativos.
- Saber diseñar estrategias de diseminación y valorización acordes al tipo de proyecto, a los públicos objetivo y a los resultados esperados.
- Conocer cómo redactar y ejecutar un plan de difusión que maximice la visibilidad, transferibilidad y sostenibilidad de los resultados del proyecto.
- Aprender a detectar problemas comunes en estas fases del proyecto y a proponer estrategias para prevenirlos o solucionarlos.

1. Estrategias para el seguimiento de proyectos europeos

El seguimiento de un proyecto europeo es un proceso continuo que permite comprobar que la ejecución de las actividades se ajusta a lo planificado, tanto en términos de tiempo, presupuesto, resultados esperados y calidad de los entregables. Esta función es esencial para garantizar la coherencia interna del proyecto y su alineación con los objetivos marcados por el consorcio y la Comisión Europea.

El seguimiento se desarrolla de forma paralela a la implementación del proyecto y debe considerarse desde la fase de planificación inicial, no como una acción posterior. Esto implica la identificación previa de indicadores, la asignación de responsables y la definición de mecanismos para recopilar información relevante.

El seguimiento cumple diversas funciones que, bien integradas, permiten mantener el proyecto bajo control:

Función del seguimiento	Descripción
Control de progreso	Verifica si las actividades se desarrollan conforme al calendario previsto.
Identificación de desviaciones	Detecta retrasos, errores o cambios no planificados en la ejecución.
Toma de decisiones informadas	Proporciona datos objetivos para actuar de forma ágil y fundamentada.
Comunicación entre socios	Facilita la transparencia y la coordinación dentro del consorcio.
Preparación de informes intermedios	Permite generar documentos justificativos precisos para la entidad financiadora.

 Anotación

En muchos programas europeos, como Erasmus+ o Europa Creativa, el seguimiento eficaz es una condición indispensable para que la Comisión acepte las justificaciones intermedias y libere nuevos pagos.

Descuidar el seguimiento puede provocar efectos negativos de gran alcance:

- Pérdida de control sobre tiempos y entregables.

- Incumplimiento contractual con la Comisión Europea.
- Riesgo de penalizaciones económicas o incluso de devolución de fondos.
- Dificultades de comunicación y conflictos internos entre socios.
- Menor impacto del proyecto y dificultades para su sostenibilidad futura.

El seguimiento no es un elemento aislado, sino un componente transversal en todas las fases del ciclo de vida del proyecto:

1. **Planificación inicial:** se definen los objetivos, los indicadores y los mecanismos de seguimiento.
2. **Ejecución:** se realiza un control continuo del progreso, comparando el desarrollo real con el planificado.
3. **Evaluación intermedia:** se valoran los avances y se introducen mejoras.
4. **Cierre:** los resultados del seguimiento contribuyen a la evaluación final y la redacción del informe definitivo.

En un proyecto Erasmus+ sobre digitalización educativa, uno de los entregables era una guía de buenas prácticas. El seguimiento permitió detectar a tiempo que un socio no había comenzado su parte correspondiente. Gracias a ello, se reorganizó el trabajo, se actualizó el calendario y se evitó un retraso en la entrega final.

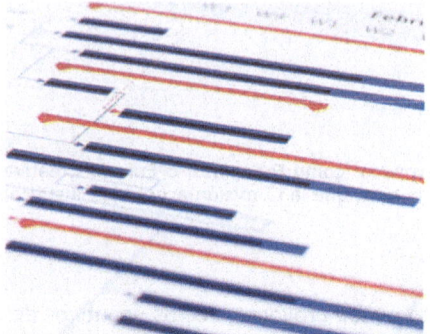

Fig. 1. Para realizar un seguimiento eficaz, los equipos de proyecto deben contar con herramientas y técnicas que permitan recopilar, organizar, visualizar y analizar información sobre el avance del proyecto

La elección adecuada de estas herramientas depende de la naturaleza del proyecto, el número de socios implicados y los requerimientos del programa europeo financiador.

A. Cronogramas y diagramas de Gantt

El **cronograma** es una de las herramientas básicas del seguimiento. Permite visualizar la duración, el inicio y el final de cada actividad, así como las dependencias entre tareas. Su versión más extendida en proyectos europeos es el diagrama de Gantt, que puede elaborarse mediante software como:

- Microsoft Project.
- GanttProject.
- Trello (con extensiones).
- Excel (tablas temporales adaptadas).

 Ejemplo

Un proyecto Erasmus+ de 24 meses divide su ejecución en 5 bloques de trabajo (*work packages*). En el diagrama de Gantt, cada paquete se representa como una franja horizontal, con subactividades detalladas por mes. Los hitos y entregables se señalan con símbolos o colores diferenciados.

B. Indicadores de seguimiento (KPI)

Los indicadores clave de rendimiento (Key Performance Indicators, KPI) permiten medir el grado de cumplimiento de objetivos. Pueden ser cuantitativos (número de beneficiarios, entregables producidos, reuniones realizadas…) o cualitativos (grado de satisfacción, utilidad percibida…).

Indicador	Unidad	Fuente de verificación
Nº de materiales formativos	Nº	Entregables y productos
Participación en eventos	Nº	Listados de asistencia
Calidad de los productos	Puntuación media	Cuestionarios internos o externos
Tiempo medio de respuesta	Horas/días	Registro de comunicaciones

C. Paneles de control (dashboards)

Un **panel de control** es una herramienta visual que permite consultar, de un vistazo, los principales datos de seguimiento. Puede ser una hoja compartida online o una aplicación especializada.

Debe incluir:

- Estado de cada actividad (pendiente, en curso, finalizada).
- KPIs actualizados.
- Alertas o desviaciones detectadas.
- Observaciones y responsables.

D. Reuniones periódicas de seguimiento

Las reuniones (presenciales o virtuales) permiten analizar colectivamente el avance del proyecto. Es recomendable establecer:

- Una periodicidad fija (mensual, bimestral...).
- Un orden del día con los puntos críticos.
- Actas con acuerdos y tareas asignadas.
- Documentos compartidos actualizados antes y después de cada reunión.

Muchas plataformas como Microsoft Teams, Google Drive, Asana o Notion permiten gestionar cronogramas, indicadores y paneles de forma colaborativa en consorcios internacionales.

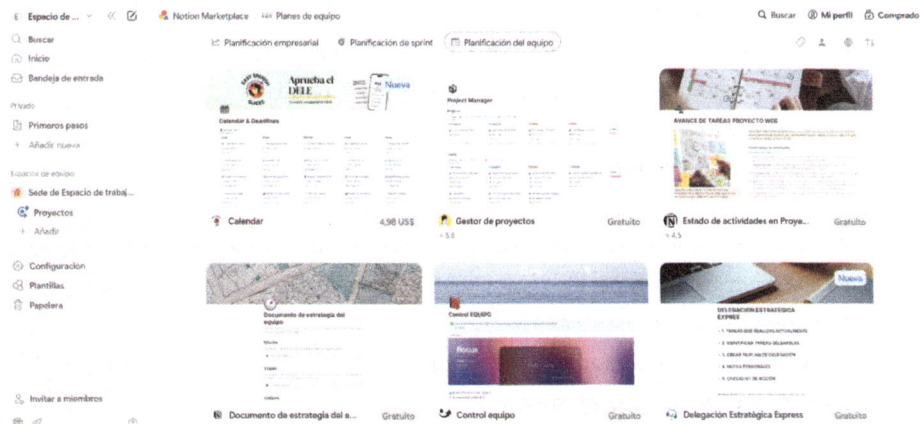

Fig. 2. Aplicaciones como Notion permiten estructurar y personalizar la planificación, ejecución y seguimiento de proyectos europeos mediante plantillas colaborativas adaptadas a cada fase del ciclo del proyecto

El seguimiento debe estar respaldado por una **estructura clara de responsabilidades**, donde cada actor del proyecto sepa qué debe supervisar, cómo reportar y a quién dirigirse en caso de incidencia:

- **Coordinador del proyecto.** El coordinador es la figura responsable última del seguimiento global. Sus funciones incluyen:
  - Consolidar la información de seguimiento aportada por los socios.
  - Convocar reuniones y redactar actas.
  - Comprobar la calidad y puntualidad de los entregables.
  - Elaborar los informes periódicos para la entidad financiadora.

- **Responsables de paquete de trabajo (Work Package Leaders).** En proyectos complejos, cada bloque temático (o paquete de trabajo) puede estar liderado por un socio. Este asume:
  - El seguimiento técnico del paquete asignado.
  - La recopilación de indicadores específicos.
  - La coordinación entre los socios implicados en ese bloque.
  - La alerta ante posibles retrasos o desviaciones.

- **Socios ejecutores.** Cada socio participante debe:
    - o Cumplir los plazos y tareas que se le hayan asignado.
    - o Informar regularmente de sus avances y dificultades.
    - o Documentar sus acciones y gastos.
    - o Participar activamente en el seguimiento conjunto.

- **Comité de calidad o grupo de evaluación (si aplica).** Algunos proyectos incluyen un grupo específico para revisar la calidad del proyecto. Este órgano se encarga de:
    - o Revisar informes internos y externos.
    - o Proponer mejoras y ajustes.
    - o Validar entregables antes de su envío final.

Anotación

Definir las responsabilidades desde el inicio y recogerlas en un acuerdo interno entre socios evita malentendidos y conflictos durante la fase de implementación.

Fig. 3. Los proyectos europeos suelen involucrar consorcios formados por entidades de varios países, con distintas culturas organizativas, zonas horarias, idiomas y normativas locales

Esto añade una capa de complejidad al seguimiento, que debe adaptarse a estas condiciones.

Algunos desafíos comunes incluyen:

- Desigual implicación de socios según tamaño o experiencia.
- Dificultades de comunicación, especialmente cuando no se usa la lengua materna.
- Retrasos en la transmisión de información por diferencias administrativas o culturales.
- Dificultad para estandarizar formatos de reporte y justificación.

Existen estrategias específicas de seguimiento en entornos multinacionales, como las siguientes:

- Uso de herramientas digitales multilingües y colaborativas.
- Traducción de documentos cuando sea necesario.
- Adaptación de los indicadores de seguimiento a la realidad de cada país socio.
- Designación de coordinadores regionales o temáticos si el proyecto es amplio.
- Inclusión de mecanismos de revisión cruzada (*peer review* entre socios).

Ejemplo

En un proyecto Europa Creativa con socios en España, Alemania y Polonia, el coordinador creó un *dashboard* compartido con pestañas en tres idiomas para facilitar el seguimiento de entregables. Además, cada socio nombró un interlocutor de seguimiento que mantenía contacto semanal con el equipo de coordinación.

2. El plan de seguimiento

Un **plan de seguimiento** es un documento estructurado que define cómo se controlará la ejecución de un proyecto, qué se va a medir, con qué frecuencia, quién será responsable y cómo se recopilará y utilizará la información. Su función principal es garantizar que el proyecto avance conforme a lo previsto y que las desviaciones puedan corregirse a tiempo.

Un plan de seguimiento completo debe incluir los siguientes elementos:

Elemento	Descripción
Objetivos del seguimiento	Definir con claridad qué se pretende controlar o mejorar mediante el seguimiento.
Indicadores de rendimiento	Establecer criterios medibles que permitan verificar los progresos del proyecto.
Métodos y herramientas	Especificar cómo se recopilará la información (formatos, plataformas, herramientas).
Frecuencia y calendario	Determinar cada cuánto se realizarán las revisiones y con qué periodicidad se reportarán.
Responsables del seguimiento	Asignar roles concretos a personas o entidades dentro del consorcio.
Fuentes de verificación	Identificar dónde y cómo se podrán comprobar los datos (informes, actas, productos…).
Procedimiento de revisión	Establecer cómo se interpretarán los resultados del seguimiento y qué acciones se tomarán en caso de desviaciones.

 Anotación

Un plan de seguimiento no debe limitarse a aspectos técnicos; debe integrar también elementos financieros, de calidad y de colaboración, asegurando una visión transversal del proyecto.

Los indicadores de rendimiento (KPIs, por sus siglas en inglés) son herramientas esenciales dentro de un plan de seguimiento, ya que permiten cuantificar el progreso hacia los objetivos del proyecto. Un KPI bien definido facilita la toma de decisiones basada en datos y permite detectar desviaciones relevantes de manera temprana.

Un buen KPI debe ser:

- **Específico:** centrado en un aspecto concreto del proyecto.
- **Medible:** cuantificable con datos fiables.
- **Alcanzable:** realista dentro de los recursos y el contexto del proyecto.
- **Relevante:** relacionado directamente con los objetivos del proyecto.
- **Temporal:** medible en un momento o periodo definido.

Esta metodología es conocida como **criterio SMART**.

Las tipologías de KPIs en proyectos europeos son:

Categoría	Ejemplos de KPIs
Técnicos	Nº de productos elaborados, porcentaje de tareas completadas
Financieros	% del presupuesto ejecutado, % de desviación presupuestaria
De participación	Nº de socios activos en tareas, número de reuniones celebradas
De difusión	Nº de visitas a la web del proyecto, seguidores en redes sociales
De calidad	Nivel de satisfacción de usuarios, valoraciones internas de entregables

Un error común es usar KPIs demasiado vagos, como "mejorar la visibilidad del proyecto". Este tipo de afirmaciones deben transformarse en indicadores medibles, como "aumentar en un 30% el número de seguidores en redes sociales entre el mes 6 y el mes 18".

Fig. 4. El seguimiento de un proyecto europeo debe organizarse según un calendario estructurado, que permita realizar revisiones periódicas adaptadas a la duración total del proyecto y a la complejidad de sus actividades

La frecuencia del seguimiento no debe ser excesiva ni insuficiente: debe responder a la dinámica real del trabajo, permitiendo detectar a tiempo posibles desviaciones y actuar con agilidad.

La periodicidad de las acciones de control dependerá del tipo de seguimiento:

Tipo de seguimiento	Frecuencia recomendada
Técnico/operativo	Mensual o bimestral
Financiero	Trimestral o semestral
De calidad	Por entregable o cada trimestre
De colaboración	Continuo, reforzado en reuniones

Se recomienda que los hitos más relevantes del proyecto (ej. entrega de productos, organización de eventos o informes intermedios) estén precedidos por controles específicos para **verificar el estado de cumplimiento** antes de la fecha límite.

El seguimiento puede establecerse en diferentes niveles o escalas:

- **Nivel micro (interno de cada socio):** control de ejecución local de las tareas asignadas.
- **Nivel meso (por paquetes de trabajo o bloques temáticos):** supervisión intermedia por responsables de áreas.
- **Nivel macro (coordinación general):** supervisión global por parte del coordinador, con visión integradora de todo el proyecto.

Ejemplo

En un proyecto de 30 meses, se puede establecer una reunión bimestral de seguimiento técnico, una reunión semestral para revisión financiera y una revisión específica antes de cada entrega a la Comisión Europea.

Una parte esencial del plan de seguimiento consiste en establecer mecanismos para registrar las incidencias surgidas durante la ejecución y definir cómo se van a gestionar las desviaciones respecto a lo previsto.

Los tipos de incidencias frecuentes son:

- **Retrasos** en la ejecución de tareas o entregables.
- **Problemas técnicos** con plataformas, herramientas o contenidos.
- **Desacuerdos** entre socios sobre el reparto de tareas.
- **Errores presupuestarios** o falta de documentación justificativa.
- **Falta de implicación** de algunos miembros del consorcio.

Es recomendable utilizar una **tabla o plantilla de control de incidencias**, que puede integrarse en el panel de control general del proyecto:

Fecha	Incidencia detectada	Responsable	Acción correctora	Fecha resolución
12/03/2025	No entrega del primer borrador del manual formativo	Socio 3	Extensión de plazo + tutoría técnica	28/03/2025
01/04/2025	Error en el desglose presupuestario	Coordinador	Rectificación en hoja de gastos	02/04/2025

El plan debe incluir un **procedimiento para actuar ante desviaciones**:

1. Detección y verificación.
2. Notificación a los socios implicados.
3. Propuesta de medidas correctoras (reajuste de calendario, reasignación de tareas...).
4. Aprobación por parte del coordinador o comité de calidad.
5. Seguimiento posterior para comprobar la eficacia de la medida.

 Anotación

Muchas agencias evaluadoras valoran positivamente que se hayan identificado desviaciones y aplicado soluciones eficaces, más que la ausencia aparente de problemas.

El plan de seguimiento no debe funcionar como un documento aislado, sino como una pieza clave del sistema general de gestión del proyecto. Esto implica que debe estar alineado con otros elementos esenciales del proyecto, como el calendario de trabajo, el presupuesto, los acuerdos internos entre socios y los compromisos contractuales con la entidad financiadora.

Se describe, a continuación, la conexión con otros planes y herramientas:

Elemento de gestión	Relación con el plan de seguimiento
Plan de trabajo	El seguimiento verifica el cumplimiento del cronograma y los entregables.
Plan de evaluación	Ambos planes se complementan, el seguimiento alimenta la evaluación.
Presupuesto	El control financiero es parte del seguimiento.
Acuerdos entre socios	Define qué debe reportar cada socio y en qué plazos.
Informe final e intermedio	Se nutren de los datos recogidos durante el seguimiento.

Para que el plan funcione, es importante fomentar una **cultura de seguimiento** dentro del consorcio, basada en:

- La comunicación fluida y transparente entre socios.
- La proactividad en la detección de problemas.
- La responsabilidad compartida sobre el éxito del proyecto.
- El uso sistemático de herramientas de seguimiento.

Ejemplo

Un proyecto enmarcado en el programa Interreg integró el seguimiento como parte de cada reunión mensual, dedicando siempre el primer bloque del orden del día a revisar incidencias, KPIs y medidas correctoras, lo que permitió mantener una ejecución ejemplar sin desviaciones presupuestarias.

3. Estrategias de evaluación de proyectos europeos

En el contexto de los proyectos europeos, la evaluación no se limita a una comprobación final de resultados, sino que constituye una gran herramienta para mejorar la gestión, optimizar recursos y aumentar el impacto de las acciones.

Se trata de un proceso sistemático de recogida, análisis e interpretación de datos con el fin de:

- Medir el grado de cumplimiento de los objetivos.
- Valorar la eficacia, eficiencia y relevancia de las acciones.
- Extraer aprendizajes aplicables durante y después del proyecto.
- Generar recomendaciones útiles para futuras iniciativas.

Las funciones de la evaluación son:

Función	Descripción
Diagnóstico	Analiza el punto de partida del proyecto y la pertinencia de sus objetivos.
Control de calidad	Verifica si los productos y procesos cumplen con los estándares esperados.
Toma de decisiones	Proporciona información objetiva para ajustar la estrategia y las actividades.
Comunicación externa	Ofrece datos fiables para mostrar logros ante financiadores o partes interesadas.
Capitalización de resultados	Permite integrar el conocimiento generado en futuras propuestas o políticas.

Anotación

La evaluación no es una herramienta exclusiva del coordinador. Todos los socios deben participar, tanto en la recogida de datos como en la interpretación de los resultados, para generar una visión compartida y constructiva.

Los proyectos europeos suelen estructurar la evaluación en **cuatro momentos principales**, cada uno con una función específica dentro del ciclo de vida del proyecto. Esta secuencia permite realizar un seguimiento completo y garantizar que el análisis abarca desde la concepción hasta el impacto posterior del proyecto.

- **Evaluación inicial (ex ante):** Se realiza **antes del inicio del proyecto**, como parte del diseño o planificación. Su objetivo principal es analizar el contexto, la viabilidad de la propuesta y la adecuación de los objetivos y estrategias.

Los aspectos evaluados son:

o   Pertinencia de los objetivos.

o   Coherencia del diseño metodológico.

o   Capacidad de los socios.

o   Riesgos potenciales.

Un consorcio evalúa si los recursos tecnológicos disponibles en los países participantes son adecuados para implementar una plataforma común de formación online.

- **Evaluación intermedia (formativa):** Tiene lugar durante la ejecución del proyecto. Se centra en la **evaluación del progreso**, detectando desviaciones y permitiendo aplicar mejoras correctivas. Es esencial para mantener el proyecto dentro de los parámetros previstos.

Los aspectos evaluados son:

o   Avance respecto al cronograma.

o   Grado de participación de los socios.

o   Calidad y utilidad de los entregables iniciales.

o   Primeros resultados en los grupos destinatarios.

Algunos programas, como Erasmus+ o Interreg, exigen una evaluación intermedia documentada como parte del informe técnico obligatorio.

- **Evaluación final:** Se realiza al cierre del proyecto, una vez ejecutadas todas las actividades y entregables. Su objetivo es **valorar los resultados**

obtenidos en relación con los objetivos previstos y medir el cumplimiento de indicadores.

Los aspectos evaluados son:
- o Logros cuantitativos y cualitativos.
- o Coherencia entre resultados y objetivos iniciales.
- o Cumplimiento presupuestario.
- o Nivel de satisfacción de los beneficiarios.
- o Calidad global del proyecto.

- **Evaluación ex post:** Tiene lugar después de finalizado el proyecto, a medio o largo plazo. Aunque no siempre es obligatoria, es muy valiosa para comprobar si los resultados se han sostenido en el tiempo y si el proyecto ha tenido impacto más allá del periodo financiado.

Los aspectos evaluados son:

- Sostenibilidad de los resultados.
- Transferencia o replicación de los productos o metodologías.
- Influencia en políticas públicas, prácticas institucionales o proyectos futuros.

Ejemplo

Dos años después de finalizar un proyecto sobre inclusión digital, se evalúa si las instituciones participantes han integrado los materiales creados en sus programas formativos regulares.

Los programas de financiación europeos, como Erasmus+, Interreg, Horizonte Europa o Europa Creativa, recomiendan o exigen aplicar **criterios estandarizados de evaluación**, que permiten valorar de forma objetiva y comparable la calidad y el impacto de los proyectos. Estos criterios son fundamentales tanto para la **evaluación interna** como para la **evaluación externa** que realizan las agencias financiadoras.

Los principales criterios de evaluación son los siguientes:

Criterio	Descripción
Eficacia	Mide el grado en que se han alcanzado los objetivos previstos.
Eficiencia	Evalúa la relación entre los recursos utilizados y los resultados obtenidos.
Impacto	Analiza los efectos a corto, medio y largo plazo sobre los beneficiarios y otros actores.
Pertinencia	Valora si los objetivos del proyecto responden realmente a las necesidades detectadas.
Sostenibilidad	Examina la capacidad del proyecto para mantener sus efectos y resultados en el tiempo.

 Ejemplo

En un proyecto para fomentar el empleo juvenil, se evalúa la eficacia en función del número de jóvenes que han accedido a empleo tras completar una formación, la eficiencia comparando ese número con el coste total invertido, y el impacto observando si otras entidades locales replican el modelo.

La aplicación de los criterios de evaluación requiere el uso de **técnicas adecuadas** que permitan obtener información válida, confiable y útil. Estas pueden ser **cuantitativas**, **cualitativas** o una combinación de ambas (enfoque mixto), según el tipo de indicador y el nivel de profundidad deseado. Destacan:

- **Cuestionarios:** Son uno de los instrumentos más utilizados por su **versatilidad y rapidez de aplicación**.

Fig. 5. Los cuestionarios pueden dirigirse a beneficiarios, socios, formadores, agentes externos o cualquier grupo implicado

Suelen contener preguntas cerradas (escalas tipo Likert, sí/no, selección múltiple) y abiertas.

o **Ventajas:** aplicables a gran escala, permiten análisis estadístico.

o **Limitaciones:** respuestas superficiales si no están bien diseñados.

- **Entrevistas:** Las entrevistas permiten una **recogida profunda de información**, sobre todo para aspectos cualitativos. Pueden ser individuales o grupales, estructuradas o semiestructuradas, y dirigirse a coordinadores, responsables de tarea, expertos externos o participantes clave.

  o **Ventajas:** permite matizar respuestas, recoger opiniones y valoraciones subjetivas.

  o **Limitaciones:** requieren más tiempo y recursos, pueden introducir sesgos.

- **Grupos focales:** Son encuentros con participantes representativos para **recoger percepciones colectivas** sobre el desarrollo e impacto del proyecto. Se recomienda contar con un moderador y una guía de discusión.

  o **Ventajas:** generan debate y permiten detectar aspectos no previstos.

  o **Limitaciones:** requieren preparación y buena gestión del tiempo.

- **Análisis documental:** Consiste en la revisión sistemática de documentos generados por el proyecto:

  o Informes técnicos e intermedios.

  o Entregables finales.

  o Actas de reuniones.

  o Productos de comunicación y difusión.

Ejemplo

El análisis del número de entregables completados, su calidad y el tiempo de entrega permite evaluar tanto la eficacia como la eficiencia del consorcio.

- **Autoevaluaciones y registros internos:** Cada socio puede realizar **autoevaluaciones periódicas**, en las que reporta no solo los avances técnicos, sino también sus dificultades, percepción del trabajo conjunto, necesidades de apoyo o aspectos de mejora. Estas evaluaciones pueden integrarse en el plan de seguimiento y alimentar la evaluación intermedia o final.

Anotación

La combinación de técnicas (cuestionarios + entrevistas + análisis documental) permite obtener una visión más completa y triangulada del funcionamiento y resultados del proyecto, evitando depender de una única fuente.

4. El plan de evaluación

Aunque en ocasiones se utilizan de forma indistinta, el **seguimiento** y la **evaluación** cumplen funciones distintas dentro de un proyecto europeo. Es fundamental distinguir ambos conceptos para estructurar adecuadamente su planificación, implementación y aplicación.

A continuación, se describe una comparación conceptual:

Aspecto	Seguimiento	Evaluación
Finalidad	Controlar el desarrollo del proyecto en tiempo real	Analizar el valor, calidad e impacto del proyecto
Momento de aplicación	Continuo, desde el inicio hasta el final	En momentos clave: inicio, mitad, final y ex post
Naturaleza	Operativa, enfocada en procesos	Analítica, enfocada en resultados y aprendizaje
Tipo de datos	Cuantitativos (actividades, plazos, productos, gastos)	Cuantitativos y cualitativos (logros, utilidad, sostenibilidad)
Responsabilidad	Coordinador y responsables técnicos	Coordinador, comité evaluador, agentes internos o externos
Resultado esperado	Información para ajustes inmediatos	Conclusiones para valorar resultados y orientar proyectos futuros

Ejemplo

Mientras el seguimiento detecta que un producto se entregó con retraso, la evaluación examina si ese producto ha sido útil, pertinente y ha alcanzado su público objetivo.

El **plan de evaluación** es el documento que define cómo se medirá el rendimiento, la calidad y el impacto del proyecto, así como quién lo hará, con qué herramientas y en qué momentos. Al igual que el plan de seguimiento, debe elaborarse desde el inicio del proyecto, aunque su enfoque sea más estratégico y orientado a resultados.

Los elementos del plan de evaluación son los siguientes:

1. **Objetivos de la evaluación**. Deben especificar con claridad qué se pretende valorar. Algunos ejemplos:
   o Determinar si se han cumplido los objetivos generales y específicos del proyecto.
   o Analizar la eficiencia en el uso de recursos.
   o Evaluar el impacto sobre los grupos destinatarios.
   o Identificar buenas prácticas y lecciones aprendidas.

2. **Indicadores de evaluación**. Se seleccionan en función de los objetivos y deben cumplir los criterios SMART (específicos, medibles, alcanzables, relevantes y temporales). Deben estar alineados con los criterios establecidos por la entidad financiadora.

Objetivo evaluado	Indicador
Evaluar el grado de eficacia	% de objetivos alcanzados según el plan inicial
Analizar el impacto en beneficiarios	Nivel de mejora percibida por los participantes
Valorar la sostenibilidad del proyecto	Nº de productos reutilizados tras el cierre

3. **Fuentes de verificación**. Son los documentos, evidencias o testimonios que permitirán comprobar los indicadores. Pueden incluir:
   o Cuestionarios completados por los participantes.

- o Entregables del proyecto.
- o Actas de reuniones.
- o Estadísticas de participación.
- o Informes internos o externos.

4. **Metodología evaluativa.** Define cómo se va a llevar a cabo la evaluación:
   - o **Técnicas**: cuestionarios, entrevistas, grupos focales, análisis documental, encuestas online.
   - o **Enfoque**: cuantitativo, cualitativo o mixto.
   - o **Temporalidad**: cuándo se aplicará cada instrumento (cronograma).
   - o **Responsabilidades**: qué persona, equipo o entidad liderará el proceso.

Anotación

Un buen plan de evaluación debe combinar visión estratégica y operativa: ofrecer una lectura crítica del proyecto y, a la vez, generar datos útiles para la justificación ante la entidad financiadora.

Fig. 6. Un plan de evaluación efectivo debe contar con un cronograma claro que distribuya las actividades evaluativas a lo largo de las distintas fases del proyecto

Esta planificación permite **sincronizar la evaluación con el desarrollo de actividades,** garantizando que se recojan datos relevantes y que las conclusiones puedan ser útiles para la toma de decisiones.

Las fases típicas del proceso evaluador son:

Fase	Descripción
Diseño de la evaluación	Definición de objetivos, indicadores, fuentes y metodología.
Recogida de datos	Aplicación de instrumentos como encuestas, entrevistas o revisión documental.
Análisis de la información	Procesamiento e interpretación de los datos recogidos.
Formulación de conclusiones	Elaboración de recomendaciones y valoración global.
Informe evaluador	Redacción del documento que recoge resultados, análisis y propuestas.
Retroalimentación	Comunicación de los resultados a los socios y partes interesadas.

Se describe un cronograma orientativo para un proyecto de 24 meses:

Meses	Actividad evaluadora
1–2	Evaluación inicial (ex ante)
6–8	Evaluación intermedia (formativa)
18–20	Evaluación final
22–24	Redacción del informe final + evaluación ex post (si procede)

Anotación

Se recomienda que el plan de evaluación sea revisado al menos una vez durante la ejecución del proyecto, para adaptarlo a cambios no previstos o desviaciones en la planificación.

La evaluación requiere recursos específicos que deben ser contemplados desde el diseño del proyecto, tanto en términos de personal como de medios técnicos y financieros. No basta con incluirla en el discurso metodológico: es necesario garantizar su viabilidad práctica.

Recursos humanos:

- **Responsable de evaluación**: puede ser una persona del equipo de coordinación o un evaluador externo.
- **Equipo de apoyo**: colaboradores encargados de aplicar encuestas, recoger datos, procesar información o coordinar entrevistas.

- **Personas participantes**: implicación de socios, beneficiarios y otras partes interesadas como fuente de datos.

Recursos técnicos y materiales:

- Plataformas para encuestas online (ej. Google Forms, LimeSurvey, Typeform).
- Herramientas de análisis (Excel, SPSS, software de análisis cualitativo como Atlas.ti o NVivo).
- Espacios de trabajo colaborativo para compartir documentos y conclusiones.
- Sistemas de almacenamiento seguro para datos personales (en cumplimiento con el RGPD).

Recursos financieros:

- Honorarios de evaluadores externos (si se opta por esta vía).
- Coste de licencias de software especializado.
- Gastos de logística si se realizan entrevistas presenciales o reuniones específicas.

Anotación

La ausencia de recursos adecuados es una de las principales causas de evaluaciones superficiales o mal ejecutadas. Incluir la evaluación como línea presupuestaria en el formulario de solicitud es una buena práctica reconocida por la Comisión Europea.

Uno de los aspectos a decidir en el plan de evaluación es si se optará por una evaluación **interna**, llevada a cabo por los propios socios del consorcio, o **externa**, realizada por agentes independientes. Ambas opciones son válidas, pero deben valorarse según los objetivos, el tipo de proyecto y la exigencia del programa financiador.

A. Evaluación interna

Realizada por miembros del propio equipo del proyecto, habitualmente liderada por el coordinador o por un comité de calidad.

Ventajas	Limitaciones
Mejor conocimiento del contexto y del proyecto	Puede carecer de objetividad o rigor metodológico
Menor coste económico	Dificultad para detectar fallos estructurales propios
Flexibilidad en el diseño y aplicación	Riesgo de falta de visión crítica o autocomplacencia

B. Evaluación externa

Llevada a cabo por profesionales independientes al proyecto, normalmente contratados específicamente para esta tarea.

Ventajas	Limitaciones
Mayor imparcialidad y credibilidad	Requiere presupuesto específico
Metodología más estructurada y comparativa	Menor conocimiento del contexto interno
Valor añadido ante la entidad financiadora	Necesidad de una buena comunicación interna/externa

En proyectos de alto presupuesto, con fuerte componente innovador o con impacto político o institucional, se recomienda combinar ambas modalidades: realizar una autoevaluación interna continua y contratar una evaluación externa final que valide los resultados.

5. Estrategias de diseminación y valorización de proyectos europeos

En los proyectos europeos, los conceptos de diseminación y valorización están estrechamente relacionados, pero tienen finalidades complementarias. Ambos forman parte del esfuerzo por amplificar los resultados del proyecto y asegurar su impacto a medio y largo plazo, tanto a nivel local como internacional.

A continuación, se explican estos términos:

- **Diseminación** (*dissemination*): Conjunto de actividades destinadas a difundir los resultados del proyecto entre los diferentes públicos objetivo, con el fin de dar visibilidad al trabajo realizado y generar interés en potenciales beneficiarios, entidades afines o responsables de políticas públicas.
- **Valorización** (*exploitation*): Proceso mediante el cual los resultados se integran de forma efectiva en otros contextos, se reutilizan, transforman en productos duraderos o se emplean para influir en prácticas, estrategias o políticas. La valorización busca asegurar la sostenibilidad y el uso continuado de los resultados más allá del periodo financiado.

 Ejemplo

En un proyecto educativo, la diseminación consiste en publicar los materiales formativos en una web abierta y compartirlos en redes sociales. La valorización ocurre cuando esos materiales se incorporan oficialmente en los programas de estudio de centros formativos o se licencian a otras entidades.

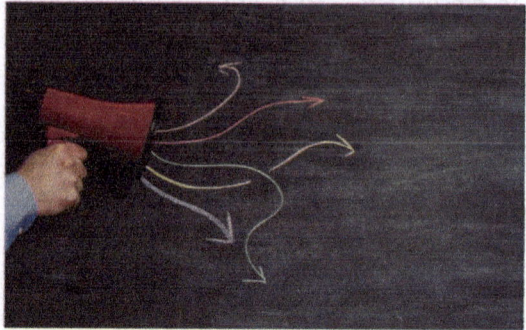

Fig. 7. Una estrategia de diseminación y valorización eficaz requiere identificar con claridad a quién va dirigida, y adaptar los mensajes y canales de comunicación en función de cada grupo

No todos los públicos necesitan la misma información, ni responden del mismo modo a los mismos formatos.

Los tipos de públicos objetivo son:

Grupo destinatario	Interés principal	Ejemplos de mensaje adaptado
Usuarios finales	Utilidad práctica de los resultados	"Descarga gratis nuestra guía de competencias digitales básicas."
Personal técnico o docente	Aplicabilidad en contextos educativos o profesionales	"Implementa este módulo en tus clases con nuestra plataforma online."
Socios y redes afines	Replicabilidad y colaboración futura	"Conoce cómo adaptar el modelo de nuestro proyecto a tu institución."
Administraciones públicas	Impacto social, valor añadido, sostenibilidad	"Este enfoque mejora la empleabilidad juvenil en zonas rurales."
Medios de comunicación	Valor informativo, novedad, historias personales	"Una iniciativa europea mejora la alfabetización digital en mayores."

Los principios para la adaptación del mensaje son los siguientes:

- **Lenguaje adecuado al público**: técnico para profesionales, accesible para usuarios finales, institucional para organismos públicos.
- **Formato atractivo**: visual, interactivo o narrativo según el canal (videos, infografías, newsletters, comunicados...).
- **Enfoque en beneficios concretos**: destacar cómo afecta o mejora la vida/trabajo del destinatario.
- **Claridad y concisión**: evitar tecnicismos innecesarios o explicaciones excesivamente detalladas.

Anotación

Una mala diseminación no siempre se debe a falta de difusión, sino a una inadecuada segmentación del público o a mensajes genéricos que no conectan con las necesidades reales de cada colectivo.

La elección de canales y herramientas de comunicación es fundamental para que los resultados del proyecto lleguen al público adecuado de forma eficaz. Esta elección debe realizarse teniendo en cuenta los hábitos de consumo de información de cada grupo destinatario, el tipo de contenido a compartir y los recursos disponibles.

Los principales canales y herramientas son:

Canal / Herramienta	Ventajas	Uso recomendado
Sitio web del proyecto	Centraliza información y recursos, accesible en varios idiomas	Información general, descarga de productos
Redes sociales	Difusión ágil, segmentación de públicos, interacción directa	Actualizaciones, campañas de visibilidad
Boletines / newsletters	Fidelización, envío periódico de novedades	Público técnico o institucional
Eventos presenciales	Contacto directo, creación de redes, demostración en vivo	Seminarios, jornadas de difusión, conferencias
Material impreso	Accesible, útil en contextos educativos o zonas con baja digitalización	Folletos, manuales, pósters, trípticos
Publicaciones científicas	Reconocimiento académico, rigor metodológico	Difusión en contextos universitarios o técnicos
Vídeos e infografías	Claridad visual, alta capacidad de viralización en redes	Promoción general, presentación de resultados.

Ejemplo

Un proyecto sobre aprendizaje intercultural en contextos escolares crea vídeos breves con testimonios de docentes y estudiantes, los publica en redes y en su web, y entrega versiones impresas de la guía metodológica en las jornadas finales del proyecto.

Mientras la diseminación busca dar visibilidad, la valorización aspira a que los resultados del proyecto transformen la realidad: políticas públicas, prácticas institucionales, modelos educativos, procesos de trabajo, etc. Se trata de asegurar que el conocimiento generado no quede en un repositorio, sino que viva, evolucione y se aplique más allá del propio consorcio.

Las formas de valorización son:

- Incorporación en políticas públicas o estrategias institucionales.
- Uso continuado de herramientas o productos desarrollados.
- Formación de formadores para multiplicar el impacto.

- Creación de *spin-offs* o nuevas entidades a partir del proyecto.
- Integración de metodologías en currículos académicos o programas formales.

Por otro lado, los factores que favorecen la valorización son:

- **Alianzas estratégicas** con organismos públicos o decisores políticos.
- **Documentación clara y transferible** de los resultados.
- **Licencias abiertas** (ejemplo: Creative Commons) que permitan el uso libre de materiales.
- **Demostración empírica de la utilidad** del producto o método desarrollado.

 Anotación

La valorización no ocurre de forma espontánea: debe planificarse desde el inicio del proyecto, involucrando a los actores que podrían incorporar los resultados en sus estructuras.

Fig. 8. A lo largo de la última década, la Comisión Europea ha destacado diversos proyectos que han sobresalido por sus estrategias eficaces de diseminación y valorización, y de los cuales pueden extraerse principios replicables para futuros consorcios

Algunos ejemplos y estrategias destacadas son las siguientes:

Proyecto	Buena práctica destacada
EPALE (plataforma de aprendizaje de adultos)	Utiliza contenidos multilingües, artículos periódicos y comunidades temáticas activas.
Erasmus+ "OpenPROF"	Recursos educativos abiertos con licencias Creative Commons; plataforma de formación virtual accesible.
Interreg "Danube Transnational Programme"	Red regional con eventos descentralizados y visibilidad mediática en múltiples países.
Horizonte 2020 "FOSTER+"	Formación online modular y reutilizable sobre ciencia abierta, con gran difusión en entornos académicos.

En general, las claves de éxito observadas son:

- Visibilidad desde el inicio del proyecto, no solo al final.
- Narrativas atractivas y centradas en los beneficios para los usuarios.
- Documentación clara, traducida y adaptada a distintos públicos.
- Participación de actores externos en la evaluación y validación.
- Uso combinado de canales tradicionales y digitales.

6. El plan de difusión y valorización

El plan de difusión es el documento estratégico que define cómo se comunicarán los resultados del proyecto, a quién, con qué objetivos, mediante qué medios y en qué momento. Este plan debe garantizar que las acciones de difusión no se improvisen, sino que respondan a un enfoque coherente, sostenible y adaptado a los públicos clave.

La estructura típica de un plan de difusión consiste en:

Elemento	Descripción
Objetivos de la difusión	Qué se quiere lograr (visibilidad, compromiso, uso, transferencia…)
Resultados a difundir	Qué productos, metodologías o aprendizajes se van a comunicar
Públicos objetivo	A quién va dirigida la información (usuarios, decisores, expertos, público general…)
Mensajes importantes	Qué mensaje se quiere transmitir y con qué enfoque según el público
Canales y herramientas	Qué medios se utilizarán (web, redes, eventos, medios impresos, etc.)
Cronograma	Cuándo se lanzarán las acciones de difusión y en qué fases del proyecto
Responsabilidades	Qué socios estarán encargados de cada acción de difusión
Indicadores de impacto	Cómo se medirá el alcance y la eficacia de la estrategia
Presupuesto asignado	Recursos económicos y humanos disponibles para la difusión

Ejemplo

Un proyecto europeo sobre alfabetización mediática define como objetivo de difusión la sensibilización de docentes de secundaria, diseña una campaña en redes con vídeos testimoniales, organiza seminarios locales y mide el impacto en función de la asistencia y la descarga de materiales desde su web.

El plan de difusión debe contemplar acciones diferenciadas según la fase temporal del proyecto, para maximizar el impacto en cada etapa del ciclo de vida. Una estrategia eficaz no se limita a la etapa final, sino que acompaña al proyecto desde su inicio.

A. Antes del inicio del proyecto (fase preparatoria)

Aunque el proyecto aún no ha comenzado oficialmente, ya se pueden planificar y preparar materiales y canales de difusión:

- Diseño de identidad visual (logotipo, eslogan, plantillas).
- Registro de dominios web y creación de redes sociales.
- Elaboración de una estrategia preliminar de comunicación.

- Contacto con *stakeholders* potenciales para involucrarlos desde el principio.

Anotación

La visibilidad inicial fortalece la legitimidad del consorcio y facilita una primera red de apoyo.

B. Durante el desarrollo del proyecto

Esta es la fase principal de ejecución de las actividades de difusión. Las acciones deben coordinarse con los hitos y entregables del proyecto.

Momentos clave	Acciones recomendadas
Lanzamiento del proyecto	Nota de prensa, publicación en redes, evento de presentación
Entrega de productos intermedios	Publicaciones parciales, testimonios de uso, pilotos documentados
Reuniones transnacionales	Informes visuales, vídeos breves, cobertura mediática
Campañas temáticas	Mesas redondas, webinarios, desafíos en redes sociales

Ejemplo

Un proyecto sobre formación ambiental publica cada 3 meses una *newsletter* con avances, entrevistas y recursos descargables para docentes.

C. Tras la finalización del proyecto

La difusión no debe finalizar con el cierre administrativo. La fase posterior es clave para garantizar la permanencia del impacto y fomentar la valorización real de los resultados.

Se hace lo siguiente:

- Publicación final del informe de resultados y de los productos finales.
- Mantenimiento de la web del proyecto (al menos 3–5 años según las directrices europeas).
- Transferencia a entidades interesadas.
- Propuestas de replicación o ampliación del proyecto.
- Participación en redes de capitalización de resultados.

Anotación

Muchos proyectos europeos fallan en esta última fase por no preverla adecuadamente. La Comisión Europea valora especialmente los planes de sostenibilidad y continuidad una vez finalizada la financiación.

La calidad de un plan de difusión no se mide únicamente por la cantidad de acciones realizadas, sino por su adecuación, coherencia, impacto y sostenibilidad. Establecer criterios de calidad permite asegurar que los esfuerzos comunicativos cumplen su función estratégica y no se limitan a acciones decorativas o aisladas.

Los criterios de calidad más relevantes son:

Criterio	Descripción
Relevancia	Adecuación de los mensajes a los objetivos y públicos objetivo del proyecto
Claridad	Uso de un lenguaje accesible, preciso y adaptado
Coherencia	Relación lógica entre mensajes, canales y momentos de difusión
Accesibilidad	Inclusión de recursos comprensibles, multilingües y adaptados a diferentes perfiles
Visibilidad	Capacidad de la difusión para alcanzar una masa crítica de destinatarios
Capacidad de movilización	Grado de participación o respuesta generada por las acciones
Sostenibilidad	Posibilidad de mantener los resultados accesibles y útiles en el tiempo

Para evaluar el alcance del plan, es necesario recopilar datos cuantitativos y cualitativos, como:

- Número de personas alcanzadas (visitas web, descargas, asistentes a eventos).
- Número de entidades colaboradoras o replicadoras.
- Menciones en prensa o redes.
- Calidad de los comentarios recibidos o grado de satisfacción.
- Citas o uso de los productos en otros contextos.

 Ejemplo

Tras publicar una guía metodológica, un proyecto registra 3.000 descargas en tres meses, menciones en blogs especializados y solicitudes de adaptación en dos países. Estos datos respaldan la eficacia de la estrategia.

Un error común en proyectos europeos es disociar la comunicación interna (entre socios del consorcio) de la comunicación externa (hacia los públicos objetivo). Un plan eficaz debe integrar ambas dimensiones, ya que la calidad de lo que se comunica fuera depende de la calidad de la colaboración dentro.

- **Comunicación interna.** Incluye los mecanismos de trabajo entre socios para:
  o Compartir información actualizada.
  o Coordinar acciones de difusión.
  o Validar mensajes y materiales antes de su publicación.
  o Hacer seguimiento de responsabilidades asignadas.

 Ejemplo

Uso de carpetas compartidas, grupos en Teams, reuniones mensuales con orden del día centrado en tareas de comunicación.

- **Comunicación externa.** Es la proyección del proyecto hacia fuera: medios, públicos destinatarios, entidades externas. Para que sea eficaz, debe estar:

    o **Alimentada** por la información clara y precisa que circula internamente.

    o **Alineada** con los acuerdos y mensajes validados por los socios.

    o **Respaldada** por un calendario de entregas realista y consensuado.

 Anotación

Un error en la información interna puede propagarse como un fallo de reputación externa. Por ejemplo, anunciar públicamente un producto antes de estar finalizado o validado por todos los socios puede generar confusión o rechazo.

Fig. 9. Para evaluar si el plan ha cumplido sus objetivos, es necesario aplicar indicadores específicos, tanto cuantitativos como cualitativos, que permitan analizar qué se ha conseguido, con qué nivel de calidad, y con qué impacto

Los indicadores recomendados son:

Área evaluada	Indicador	Fuente de verificación
Alcance	Nº de descargas de documentos, visitas web, impresiones en redes	Estadísticas de Google Analytics, plataformas
Participación	Nº de asistentes a eventos, respuestas en encuestas	Listas de asistencia, formularios de inscripción
Visibilidad	Nº de apariciones en prensa o medios externos	Recortes, enlaces, capturas
Compromiso	Comentarios recibidos, interacciones en redes sociales	Informes de actividad en redes
Transferencia	Nº de instituciones que reutilizan productos	Encuestas, comunicaciones formales
Sostenibilidad	Nº de accesos al sitio web tras el cierre del proyecto	Tráfico web a medio plazo

Ejemplo

Un proyecto europeo incluye en su evaluación que su campaña de difusión generó 5.000 visualizaciones del vídeo principal, una tasa de apertura del 47 % en sus *newsletters*, y 12 peticiones documentadas de uso de su metodología en nuevos contextos educativos. Esta información refuerza la narrativa de impacto y valorización.

7. Problemas que pueden surgir y estrategias para anticiparlos y/o resolverlos

En el contexto de los proyectos europeos, el seguimiento y la evaluación pueden enfrentarse a diversas dificultades operativas y estructurales, que afectan a la calidad del análisis, al cumplimiento de los plazos y a la interpretación de resultados. Identificarlas a tiempo permite establecer acciones correctoras eficaces.

Los problemas frecuentes son:

Problema	Consecuencia
Falta de datos o datos incompletos	Imposibilidad de aplicar indicadores, informes imprecisos o sesgados
Retrasos en la recogida de información	Descoordinación, pérdida de validez temporal de los datos
Incoherencias entre fuentes	Dudas sobre la fiabilidad del seguimiento o la evaluación
Desigual implicación de socios	Información desbalanceada, vacíos en el análisis global
Indicadores mal definidos	Resultados no comparables o de difícil interpretación
Ausencia de cultura evaluadora	Rechazo o apatía ante procesos de mejora continua

Ejemplo

Si un socio no envía los formularios de seguimiento mensual, el coordinador pierde visibilidad sobre el avance de tareas, lo que puede retrasar la entrega del informe intermedio a la agencia financiadora.

Una parte significativa de los proyectos europeos no logra el impacto esperado no por la calidad de sus resultados, sino por deficiencias en su estrategia de difusión y valorización. Estas fallas suelen estar relacionadas con problemas de comunicación, falta de planificación o desconocimiento del entorno externo.

Las dificultades habituales son:

Problema	Consecuencia
Falta de visibilidad del proyecto	Escasa repercusión, desaprovechamiento de los resultados
Escasa implicación de los socios	Concentración del esfuerzo en un único actor, pérdida de legitimidad
Canales mal seleccionados	Baja interacción o acceso limitado del público objetivo
Contenidos poco accesibles o atractivos	Desinterés del público, abandono del seguimiento
Ausencia de enfoque estratégico	Acciones dispersas, sin coherencia o continuidad
Poca conexión con redes o *stakeholders*	Menor potencial de valorización y sostenibilidad a largo plazo

Anotación

La difusión no es publicar por publicar. Si el mensaje no está dirigido adecuadamente, los productos pueden quedar invisibles incluso si se han compartido masivamente.

Para minimizar el impacto de los problemas anteriores, es necesario contar con **mecanismos de prevención y respuesta rápida**, que refuercen la planificación, mejoren la comunicación entre socios y aseguren la calidad en la implementación.

Algunas herramientas preventivas son:

Herramienta	Función
Planes detallados de seguimiento y evaluación	Clarifican roles, indicadores, fuentes y momentos.
Protocolos de recogida de datos	Estandarizan la información y evitan errores
Reuniones periódicas con enfoque técnico	Detectan problemas en fases tempranas
Cuadros de mando compartidos (*dashboards*)	Visualizan tareas, plazos y avances de forma accesible
Formación interna en comunicación y evaluación	Mejora competencias y compromiso de los socios

Por su parte, las herramientas correctoras son:

Situación detectada	Medida correctora
Socio con retrasos reiterados	Redistribución de tareas o acompañamiento técnico
Indicadores inadecuados	Revisión y reformulación de indicadores más útiles y medibles
Materiales de difusión poco eficaces	Rediseño gráfico, adaptación del lenguaje, diversificación de formatos
Falta de respuesta del público objetivo	Ajuste de canales, reforzamiento de la estrategia social o local
Baja calidad en la evaluación interna	Revisión metodológica o contratación de evaluación externa

Ante la falta de visitas al sitio web, un proyecto refuerza su presencia en redes sociales mediante campañas dirigidas por segmentos, utiliza vídeos breves y activas alianzas con instituciones para redirigir tráfico desde sus canales oficiales.

En proyectos europeos que implican consorcios multinacionales y públicos diversos, los conflictos no son excepcionales: son una posibilidad real que debe preverse y gestionarse con profesionalidad.

Fig. 10. El origen de algunos conflictos puede estar en diferencias culturales, de expectativas, metodológicas o de carga de trabajo, y si no se abordan adecuadamente, pueden poner en peligro la cohesión del equipo y el éxito del proyecto

Los tipos comunes de conflicto son:

Tipo de conflicto	Ejemplo
Entre socios por distribución de tareas	Un socio percibe que asume más carga que otros sin reconocimiento ni compensación.
Conflictos por retrasos	Un retraso en la entrega de un producto por parte de un socio afecta al calendario del consorcio.
Conflictos culturales o comunicativos	Diferencias en estilos de trabajo o malentendidos por el idioma.
Conflictos con el público objetivo	Grupos destinatarios que rechazan participar por falta de adaptación cultural o metodológica.

Algunas estrategias de gestión de conflictos son:

1. **Prevenir desde el acuerdo inicial**: Establecer un documento interno de cooperación entre socios (*Consortium Agreement*) donde se definan claramente roles, plazos, compromisos y vías de resolución.
2. **Fomentar la comunicación horizontal y transparente**: Reuniones periódicas, actas claras, disponibilidad para resolver dudas.
3. **Designar mediadores o facilitadores internos**: Personas con buena capacidad de diálogo y neutralidad dentro del equipo.
4. **Separar los conflictos personales de los estructurales**: A veces el conflicto no es entre personas, sino entre malentendidos de función o expectativa.
5. **Recurrir a la coordinación o agencia financiadora** en caso de conflicto grave que afecte al cumplimiento contractual.

Anotación

Los conflictos no gestionados tienden a intensificarse con el paso del tiempo. Lo deseable no es evitarlos a toda costa, sino canalizarlos con madurez y enfoque constructivo.

La resolución de incidencias dentro de un proyecto europeo requiere una actitud proactiva, combinada con herramientas de diagnóstico y una toma de decisiones rápida pero consensuada.

A continuación, se presentan dos escenarios ilustrativos, inspirados en casos reales.

A. Simulación 1: Retraso en la entrega de un producto importante

El socio encargado del desarrollo de una plataforma digital no entrega la versión beta en el plazo previsto, lo que impide realizar pruebas piloto en otros países.

Las acciones tomadas son:

1. El equipo de coordinación convoca una reunión extraordinaria de seguimiento.
2. Se analiza el origen del retraso: dificultades técnicas imprevistas + cambio de personal.
3. Se decide redistribuir temporalmente parte del desarrollo a otro socio con experiencia similar.
4. Se ajusta el calendario general del proyecto para evitar efecto dominó en otras tareas.
5. Se documenta todo el proceso para informar a la agencia financiadora.

Resultado: Aunque con una leve modificación del cronograma, el entregable se completa con calidad, y el consorcio fortalece su capacidad de adaptación.

B. Simulación 2: Rechazo por parte de usuarios finales

En un proyecto sobre inclusión digital, los talleres para adultos mayores tienen baja asistencia porque el material es demasiado técnico y no se adapta a su realidad cotidiana.

En este caso, las acciones tomadas son:

1. Se realiza una encuesta rápida entre los usuarios para entender sus barreras.
2. Se modifica la metodología para incluir más ejemplos visuales, lenguaje cercano y soporte presencial.
3. Se involucra a una asociación local como intermediaria cultural y comunicativa.
4. Se evalúa la eficacia del nuevo enfoque mediante cuestionarios de satisfacción.

Resultado: Aumenta la participación en un 60%, se mejora la percepción del proyecto, y se establece una alianza con la asociación para futuras actividades.

Recuerda

La capacidad de ajustar el enfoque sin abandonar los objetivos del proyecto es fundamental. Las agencias valoran positivamente la adaptación responsable ante imprevistos, más que la negación de las dificultades.

Resumen

El seguimiento y la evaluación son dos funciones estratégicas fundamentales para asegurar la calidad, la coherencia y la eficacia de los proyectos europeos. El seguimiento permite controlar el desarrollo de las actividades a lo largo del tiempo, verificar el cumplimiento del cronograma y detectar desviaciones a tiempo, mientras que la evaluación analiza en profundidad el grado de cumplimiento de los objetivos, la eficiencia en el uso de los recursos, el impacto alcanzado y la sostenibilidad futura del proyecto. Aunque ambos procesos están relacionados, responden a finalidades distintas: el seguimiento tiene una función operativa y continua, mientras que la evaluación cumple una función analítica y puntual, con una clara orientación a la mejora continua.

Para llevar a cabo estas funciones de forma estructurada, es necesario elaborar un plan de seguimiento y un plan de evaluación. El primero incluye indicadores clave de rendimiento (KPIs), cronogramas, responsables y herramientas como diagramas de Gantt, paneles de control o registros de incidencias. El segundo, por su parte, requiere el diseño de objetivos evaluativos, la selección de metodologías y fuentes de verificación, así como la definición de criterios como la eficacia, la eficiencia, la pertinencia, el impacto y la sostenibilidad. Estos planes deben estar integrados dentro de la gestión global del proyecto, no como documentos independientes, sino como instrumentos dinámicos de toma de decisiones.

Junto a estos procesos, la diseminación y la valorización desempeñan un gran papel en la proyección externa del proyecto. La diseminación se refiere a la difusión de los resultados del proyecto hacia distintos públicos objetivo, mediante canales como la web, redes sociales, medios impresos, eventos y publicaciones académicas. La valorización, en cambio, busca asegurar que esos resultados se conozcan y se integren de forma efectiva en nuevas prácticas, políticas o productos. Para ello, se diseña un plan específico de difusión y valorización que establece objetivos comunicativos, mensajes, públicos destinatarios, canales, cronograma y responsables. La calidad de estas estrategias depende del número de acciones realizadas, y de su coherencia, relevancia, accesibilidad y capacidad de generar cambios. Los indicadores de evaluación de la difusión incluyen visitas web, descargas, participación en eventos, interacciones en redes y uso de los resultados por parte de terceros. Asimismo, deben contemplarse mecanismos para gestionar posibles problemas, como retrasos, fallos en la recogida de datos, baja implicación de socios, conflictos entre participantes o escasa visibilidad. Estos desafíos pueden afrontarse mediante herramientas preventivas, protocolos de actuación y una comunicación fluida y transparente tanto interna como externa.

En definitiva, un proyecto europeo de calidad no se limita a cumplir con sus actividades técnicas, sino que debe demostrar capacidad de seguimiento riguroso, evaluación crítica, comunicación estratégica y valorización efectiva. Estas funciones no son tareas secundarias, sino ejes vertebradores que determinan la sostenibilidad, el impacto y la proyección futura del proyecto.

Glosario

Cultura evaluadora

Disposición colectiva del equipo del proyecto para aplicar procesos de autoevaluación y mejora continua de forma sistemática y constructiva.

Consortium Agreement

Documento interno firmado por los socios de un proyecto europeo que define roles, responsabilidades, reparto financiero y mecanismos de resolución de conflictos.

Criterios de evaluación

Conjunto de estándares utilizados para valorar un proyecto, entre los que destacan: eficacia, eficiencia, pertinencia, impacto y sostenibilidad.

Diagrama de Gantt

Representación gráfica del cronograma de un proyecto, donde se visualizan las tareas, su duración, interdependencias y fechas.

Diseminación (*dissemination*)

Conjunto de acciones destinadas a difundir los resultados del proyecto a públicos externos, con el fin de dar visibilidad, promover su uso y aumentar su legitimidad.

Evaluación

Proceso analítico que permite valorar los resultados, la calidad, la eficiencia y el impacto de un proyecto en relación con sus objetivos y recursos, con el fin de extraer conclusiones y mejoras.

Fuentes de verificación

Documentos, datos o evidencias que permiten comprobar que se han alcanzado los indicadores o se han cumplido las actividades previstas.

Seguimiento

Proceso continuo de control y supervisión del desarrollo de un proyecto para verificar el cumplimiento del cronograma, las actividades, los productos y los compromisos asumidos.

Panel de control (*dashboard*)

Herramienta visual que muestra de forma resumida el estado de avance de tareas, indicadores clave y posibles incidencias, facilitando la toma de decisiones.

Plan de evaluación

Documento que establece los objetivos, criterios, indicadores, métodos y cronograma para evaluar el desarrollo y los resultados del proyecto.

Plan de difusión y valorización

Estrategia estructurada que determina los objetivos de comunicación del proyecto, los públicos objetivo, los canales, los mensajes importantes y los indicadores de impacto.

Plan de seguimiento

Documento que define cómo se llevará a cabo el seguimiento del proyecto, incluyendo indicadores, calendario, herramientas, responsables y fuentes de verificación.

Stakeholders

Partes interesadas o afectadas por el proyecto, incluyendo beneficiarios, instituciones, administraciones públicas, ONGs, empresas o ciudadanía.

Valorización (*exploitation*)

Proceso de integración y aplicación efectiva de los resultados del proyecto en otros contextos, sistemas o políticas, asegurando su sostenibilidad y utilidad a largo plazo.

Ejercicios de autoevaluación

1. ¿Cuál es el principal objetivo del seguimiento en un proyecto europeo?

    a. Presentar los resultados ante la Comisión Europea.

    b. Justificar gastos financieros.

    c. Controlar el desarrollo del proyecto en tiempo real.

    d. Evaluar el impacto cultural del proyecto.

2. ¿Qué tipo de seguimiento se centra en verificar si las actividades se están desarrollando según lo previsto?

    a. Financiero.

    b. Operativo o técnico.

    c. De difusión.

    d. Legal.

3. ¿Qué herramienta permite visualizar las tareas del proyecto a lo largo del tiempo?

    a. Diagrama de Gantt.

    b. Hoja de cálculo.

    c. *Newsletter*.

    d. Acta de reunión.

4. ¿Qué elemento forma parte esencial de un plan de seguimiento?

    a. Registro de usuarios en redes.

    b. Indicadores clave de rendimiento (KPIs).

    c. Evaluación ex post.

    d. Licencias de software.

5. ¿Cuál de los siguientes es un KPI cuantitativo?

a. Nivel de satisfacción de participantes.

b. Número de entregables producidos.

c. Percepción de utilidad.

d. Calidad percibida.

6. ¿Qué fase evaluadora se realiza después de finalizar el proyecto?

a. Intermedia.

b. Inicial.

c. Ex post.

d. Diagnóstica.

7. ¿Qué criterio de evaluación analiza si se han alcanzado los objetivos previstos?

a. Sostenibilidad.

b. Eficacia.

c. Pertinencia.

d. Eficiencia.

8. ¿Qué técnica se recomienda para obtener datos cualitativos en profundidad?

a. Cuestionario cerrado.

b. Formulario de inscripción.

c. Hoja de cálculo.

d. Entrevista semiestructurada.

9. ¿Cuál es una diferencia relevante entre seguimiento y evaluación?

    a. El seguimiento se centra en beneficiarios externos.

    b. La evaluación no requiere indicadores.

    c. El seguimiento es continuo y la evaluación es puntual.

    d. La evaluación se aplica solo a productos digitales.

10.¿Qué debe incluir el plan de evaluación para ser eficaz?

    a. Objetivos, indicadores, fuentes y metodología.

    b. Presupuesto completo del proyecto.

    c. Nombres de los socios.

    d. Organigrama institucional.

Aplicaciones prácticas

Aplicación práctica 1. Planificación de un proyecto europeo

U. A. 1. Planificación del proyecto

La Asociación Educativa Caleidoscopio trabaja en la integración digital de jóvenes migrantes en barrios urbanos con alta diversidad cultural. El equipo ha diseñado un proyecto que incluye formación en competencias digitales, sesiones de mediación cultural y la creación de contenidos audiovisuales por parte del alumnado.

Aunque el proyecto tiene un enfoque educativo y social claro, el equipo duda entre presentar la propuesta a Erasmus+ (KA2), CERV o Europa Creativa, ya que el proyecto parece tocar varias áreas a la vez.

Realiza una tabla comparativa para determinar a qué programa europeo deben presentar el proyecto. Ten en cuenta:

- Ámbito de acción.
- Tipos de actividades subvencionadas.
- Perfil de beneficiarios.
- Requisitos de cooperación transnacional.
- Potencial de sostenibilidad del producto final.

Aplicación práctica 2. Idea de proyecto

U. A. 1. Planificación del proyecto

Una cooperativa de mujeres rurales del norte de España desea presentar un proyecto europeo para mejorar la empleabilidad de sus socias mediante formación técnica en energías renovables. Sospechan que esta formación podría tener un gran impacto en su comunidad, pero no saben cómo justificar la necesidad ante una convocatoria europea.

Carecen de un enfoque riguroso para formular la idea del proyecto y vincularla a las prioridades de la Unión Europea.

Redacta un breve informe (máx. 200 palabras) que justifique la idea de proyecto, siguiendo estas pautas:

- Descripción clara de la necesidad.
- Público destinatario.
- Datos relevantes o referencias válidas.
- Correspondencia con prioridades europeas.

Aplicación práctica 3. Búsqueda de socios

U. A. 2. Desarrollo de la asociación

Un centro de formación profesional de Andalucía está preparando un proyecto Erasmus+ para fomentar la inclusión social mediante herramientas digitales. A través de una red profesional en LinkedIn, contactan con una ONG de otro país de la UE que se muestra entusiasta, pero no tiene página web, su perfil institucional es escueto, y tarda días en responder los correos.

El equipo de proyecto duda si seguir adelante con este socio. Tienen prisa por cerrar el consorcio, pero les preocupa que la colaboración no sea fiable.

Redacta un protocolo de validación rápida que incluya cinco pasos prácticos y objetivos para verificar si esta ONG puede ser considerada un socio adecuado, partiendo de los criterios teóricos estudiados en la unidad.

Aplicación práctica 4. Medidas correctivas

U. A. 2. Desarrollo de la asociación

En un proyecto Erasmus+ de cooperación para el desarrollo de metodologías inclusivas, se ha formado un consorcio con cinco socios. Uno de ellos, una universidad del sur de Europa aceptó inicialmente encargarse del paquete de trabajo relacionado con la evaluación de resultados. Sin embargo, transcurridos tres meses desde la aprobación del proyecto, sigue sin entregar tareas, no responde a recordatorios y no ha participado activamente en las reuniones.

El equipo coordinador teme que este socio esté bloqueando el avance del proyecto y que esto pueda comprometer la calidad del WP de evaluación.

Diseña un conjunto de medidas correctivas escalonadas (de menor a mayor intervención) que podrían aplicarse desde la coordinación del proyecto para reactivar el compromiso del socio.

Simula el esquema de un borrador de informe intermedio, organizando los contenidos mínimos que se deben presentar en esta situación, indicando cómo resolverías la ausencia de parte de la información. Estructura el contenido como si fueras la persona responsable de su entrega, adaptando las secciones a lo esencial.

Aplicación práctica 5. Organización de un proyecto

U. A. 4. Desarrollo del proyecto

El proyecto europeo EDU-GREEN tiene como objetivo desarrollar un itinerario formativo para docentes sobre sostenibilidad ambiental. Participan seis entidades de cinco países y está coordinado por un centro de formación gallego. Al llegar al mes 9 de ejecución, surgen distintos problemas: dos socios reclaman la autoría del mismo módulo digital, generando retrasos; otro socio entrega una guía metodológica con errores de estructura y lenguaje; un evento multiplicador se realiza con apenas diez asistentes y escasa documentación; y finalmente, una universidad queda bloqueada por una normativa nacional que le impide asumir tareas de coordinación justo antes de liderar un paquete clave.

Ante esta situación, ¿qué medidas aplicarías para reconducir el proyecto sin comprometer la calidad, el cronograma ni la financiación? Redacta una propuesta global de gestión que contemple soluciones para los cuatro escenarios.

Aplicación práctica 6. Seguimiento de un proyecto

U. A. 5. Seguimiento, evaluación, diseminación y valorización

El consorcio del proyecto europeo DIGI-SHIFT, dedicado a la transformación digital en centros de formación de personas adultas, ha recibido el primer informe de seguimiento de la agencia financiadora. En él se reconoce la buena calidad técnica de los productos intelectuales, pero se señala como debilidad la estrategia de diseminación y la ausencia de acciones claras de valorización. A raíz de este informe, el equipo de coordinación plantea la necesidad de rediseñar el plan de difusión y activarlo antes del informe final.

Para ello, el equipo ha recogido tres propuestas alternativas diseñadas por distintos socios del consorcio. Se te encomienda seleccionar la opción más adecuada para reorientar la estrategia comunicativa, justificar tu elección y señalar mejoras concretas que se podrían incorporar.

- **Propuesta A.** Bajo coste, alto impacto local. Organización de eventos presenciales en tres ciudades, con presentación de los resultados ante redes locales de centros de formación y concejalías de educación. Impresión de materiales físicos. Difusión mediante notas de prensa locales.
- **Propuesta B.** Estrategia digital segmentada. Creación de una campaña de difusión en redes sociales con vídeos cortos explicativos adaptados a distintos públicos (formadores, responsables políticos, estudiantes adultos). Activación de una *newsletter* mensual para entidades de toda Europa.
- **Propuesta C.** Valorización institucional directa. Envío de los resultados del proyecto a los departamentos de innovación educativa de cada país participante, junto a una propuesta de integración en políticas formativas. Se acompaña de una carta de adhesión firmada por entidades relevantes.

Elige una de las tres propuestas como base principal para la nueva estrategia del proyecto y justifica tu decisión desde los principios de diseminación y valorización. Indica además dos mejoras específicas que introducirías en la propuesta elegida para reforzar su alcance o sostenibilidad.

Ejercicio de evaluación final

1. ¿Cuál de los siguientes no es un ejemplo de paquete de trabajo (WP)?

a. WP1 – Gestión y coordinación.

b. WP2 – Análisis de necesidades.

c. WP3 – Producción de entregables.

d. WP4 – Justificación contable final.

2. ¿Qué función cumple el análisis de riesgos en la planificación?

a. Repartir tareas entre socios.

b. Identificar y prever amenazas potenciales.

c. Redactar el presupuesto.

d. Diseñar el cronograma.

3. ¿Qué programa europeo se orienta principalmente a los sectores cultural y creativo?

a. Erasmus+.

b. Europa Creativa.

c. FSE+.

d. CERV.

4. ¿Cuál de estos elementos forma parte de un cronograma de proyecto?

a. Evaluación externa.

b. Reuniones multiplicadoras.

c. Actividades con fechas y responsables.

d. Resultados intangibles.

5. El principio de sostenibilidad de un proyecto hace referencia a:

a. La continuidad del impacto tras el Proyecto.

b. La protección medioambiental.

c. La duración del contrato con la CE.

d. El número de socios participantes.

6. ¿Cuál de estas fuentes se considera menos fiable para justificar una necesidad?

a. Eurostat.

b. Resultados de proyectos anteriores.

c. Un blog sin referencias.

d. Guías del programa.

7. ¿Qué tipo de socio es más problemático en la planificación de un proyecto?

a. El que tiene experiencia en convocatorias.

b. El que participa por compromiso, sin implicación real.

c. El que lidera un WP.

d. El que tiene personal multilingüe.

8. ¿Cuál es la finalidad principal de un hito (*milestone*) en un proyecto europeo?

a. Evaluar un punto clave del avance.

b. Entregar el presupuesto.

c. Realizar una reunión de cierre.

d. Dividir el presupuesto por países.

9. ¿Qué se recomienda hacer para evitar errores formales en una propuesta?

    a. Omitir los anexos no obligatorios.

    b. Enviar la propuesta justo antes de la fecha límite.

    c. Usar listas de comprobación.

    d. Reutilizar un formulario de otro programa.

10. Un buen sistema de comunicación interna entre socios durante la planificación debe incluir:

    a. Herramientas colaborativas y reuniones claras.

    b. Documentos físicos impresos.

    c. Un solo correo al final del proceso.

    d. Revisión únicamente por el coordinador.

11. ¿Qué debe hacer el coordinador si detecta un gasto indebido en el informe de un socio?

    a. Presentarlo igualmente para que lo decida la agencia.

    b. Solicitar su corrección o eliminación antes de consolidar el informe.

    c. Declararlo como gasto indirecto.

    d. Descontarlo del pago final.

12. ¿Cuál es el porcentaje habitual permitido de costes indirectos en programas como Erasmus+?

    a. 2%.

    b. 7%.

    c. 12%.

    d. 15%.

13. La conservación de la documentación justificativa debe garantizarse por:

a. 3 años desde la presentación del informe final.

b. 5 años desde la finalización del proyecto.

c. Hasta el cierre presupuestario nacional.

d. Solo si hay auditoría.

14. ¿Cuál es una cláusula habitual en los acuerdos internos entre socios?

a. Contratación de nuevos empleados.

b. Reducción automática del presupuesto.

c. Calendario de pagos y procedimientos en caso de incumplimiento.

d. Decisión unilateral del coordinador.

15. ¿Qué se requiere para considerar válida una hoja de tiempos de personal?

a. Firma del proveedor externo.

b. Firma del empleado y de su supervisor.

c. Sello de la universidad.

d. Declaración jurada.

16. ¿Qué gasto NO se considera elegible en un proyecto europeo?

a. Viajes para una reunión transnacional.

b. Nóminas del personal contratado.

c. Materiales didácticos.

d. Multas por entrega fuera de plazo.

17. ¿Cuál de los siguientes elementos NO forma parte de un control documental eficaz?

    a. Copias de seguridad.

    b. Clasificación por socio y actividad.

    c. Destrucción de archivos al finalizar el proyecto.

    d. Accesibilidad para auditores.

18. El IVA solo es elegible si:

    a. Ha sido aprobado por la agencia.

    b. Es inferior al 21%.

    c. No es recuperable por la entidad beneficiaria.

    d. Se declara fuera de plazo.

19. ¿Qué debe hacer una entidad si la normativa cambia durante el proyecto?

    a. Ignorarla hasta la finalización.

    b. Aplicarla solo si lo indica la agencia.

    c. Revisar su aplicabilidad, adaptar sus procedimientos y notificar si es necesario.

    d. Modificar los objetivos técnicos del proyecto.

20. ¿Qué indicador puede alertar de una incidencia administrativa temprana?

    a. Asistencia completa a una reunión.

    b. Entrega puntual de un entregable.

    c. Retrasos reiterados en el envío de justificantes por un socio.

    d. Alta ejecución presupuestaria.

21. ¿Qué herramienta facilita la asignación de tareas mediante tableros visuales?

   a. Zoom.

   b. Outlook.

   c. Trello.

   d. Excel.

22. ¿Qué documento se elabora normalmente tras cada evento organizado?

   a. Evaluación externa.

   b. Registro contable.

   c. Acta del evento.

   d. Carta de intenciones.

23. ¿Qué tipo de reunión permite coordinar y supervisar la ejecución del proyecto entre socios?

   a. Formación piloto.

   b. Reunión transnacional.

   c. Taller de difusión.

   d. Seminario temático.

24. ¿Qué debe incluirse obligatoriamente en un informe final?

   a. Listado de convocatorias futuras.

   b. Evaluación del impacto y sostenibilidad del Proyecto.

   c. Publicaciones científicas.

   d. Fotografías de cada tarea.

25. ¿Cuál de las siguientes no es una causa común de conflicto interno?

a. Reparto desigual de tareas.

b. Falta de comunicación.

c. Incumplimiento de plazos.

d. Diseño innovador de productos.

26. ¿Qué se recomienda para prevenir conflictos en la gestión de socios?

a. Incluir cláusulas de confidencialidad únicamente.

b. Evitar la participación en tareas complejas.

c. Establecer acuerdos claros y canales de comunicación.

d. Delegar todas las funciones en el coordinador.

27. ¿Cuál es una medida preventiva clave en la gestión de riesgos?

a. Establecer revisiones periódicas y planes alternativos.

b. Omitir hitos intermedios.

c. Posponer decisiones hasta la fase final.

d. Eliminar tareas críticas del cronograma.

28. ¿Qué sección suele encontrarse en todos los informes intermedios y finales?

a. Informe policial de los eventos.

b. Listado de nuevos proyectos posibles.

c. Descripción de actividades realizadas.

d. Cartas de recomendación.

29. ¿Qué herramienta se usa comúnmente para reuniones en línea?

    a. Trello.

    b. Notion.

    c. Microsoft Teams.

    d. Moodle.

30. ¿Qué acción debe realizarse ante una incidencia registrada?

    a. Informar al público en redes sociales.

    b. Ignorarla si ya se resolvió por sí sola.

    c. Documentarla, aplicar una solución y cerrar el seguimiento.

    d. Archivar como confidencial sin notificación.

31. ¿Qué fase de la evaluación se centra en recoger aprendizajes y recomendaciones?

    a. Inicial.

    b. Final.

    c. De seguimiento.

    d. Financiera.

32. ¿Qué público objetivo requiere un lenguaje técnico y especializado?

    a. Usuarios finales.

    b. Personal docente o investigador.

    c. Personas mayores.

    d. Estudiantes de secundaria.

33. ¿Qué canal es más adecuado para una difusión ágil y con interacción directa?

    a. Revista académica.

    b. Manual impreso.

    c. Red social.

    d. Cartel institucional.

34. ¿Qué se entiende por valorización en el marco de los proyectos europeos?

    a. Aumentar el presupuesto del Proyecto.

    b. Traducir materiales a otros idiomas.

    c. Medir el coste por participante.

    d. Integrar los resultados en políticas, prácticas o nuevos contextos.

35. ¿Qué acción se sitúa en la fase posterior a la finalización del proyecto?

    a. Creación del logo.

    b. Redacción del formulario de *candidature*.

    c. Mantenimiento de la web del proyecto y seguimiento del impacto.

    d. Primeras reuniones de coordinación.

36. ¿Qué problema frecuente afecta a la evaluación?

    a. Falta de datos o respuestas incompletas.

    b. Saturación de redes sociales.

    c. Duplicación de tareas en Gantt.

    d. Error en la numeración de páginas.

37. ¿Qué herramienta ayuda a detectar desviaciones en tiempo real?

    a. Documento de *context*.

    b. Panel de control (*dashboard*).

    c. Manual de identidad visual.

    d. Carta de adhesión.

38. ¿Qué recurso es esencial para prevenir conflictos entre socios?

    a. Encuestas anónimas.

    b. Acuerdo de consorcio con roles y plazos definidos.

    c. Manual de Estilo.

    d. Presupuesto sin justificar.

39. ¿Qué indicador mide la visibilidad de un proyecto en redes sociales?

    a. N.º de socios.

    b. Coste por tarea.

    c. Impresiones y tasa de interacción.

    d. Asistencia a reuniones internas.

40. ¿Cuál de estas medidas es correctora ante un conflicto con usuarios finales?

    a. Cancelar la actividad.

    b. Ignorar los comentarios.

    c. Adaptar los materiales y metodologías.

    d. Trasladar la actividad a otro país.

Solucionario

U. A. 1. Planificación del proyecto

1. d	**6.** b
2. c	**7.** a
3. c	**8.** b
4. d	**9.** a
5. c	**10.** c

U. A. 2. Desarrollo de la asociación

1. c	**6.** b
2. c	**7.** c
3. b	**8.** b
4. c	**9.** c
5. c	**10.** b

U. A. 3. Gestión administrativa del proyecto

1. d	**6.** c
2. c	**7.** c
3. c	**8.** d
4. c	**9.** c
5. b	**10.** d

U. A. 4. Desarrollo del proyecto

1. d	**6.** a
2. c	**7.** d
3. b	**8.** c
4. c	**9.** c
5. c	**10.** a

U. A. 5. Seguimiento, evaluación, diseminación y valorización

1. c	**6.** c
2. b	**7.** b
3. a	**8.** d
4. b	**9.** c
5. b	**10.** a

Bibliografía

Monografías

SINA NIEMKOFF, XAVIER ARREOLA. (2024). *Programas actuales de financiación de la Unión Europea para pequeñas y medianas empresas (2024–2027)*. Bremen University Press.

>Este libro ofrece una guía clara y detallada sobre las principales iniciativas de financiación de la Unión Europea dirigidas a pequeñas y medianas empresas en el periodo 2025–2027. Los autores analizan programas emblemáticos como Horizonte Europa, InvestEU, COSME, Europa Digital o LIFE, explicando su alcance, objetivos y mecanismos de acceso. La obra se convierte en un recurso esencial para empresarios, consultores y responsables de proyectos que buscan aprovechar las oportunidades de crecimiento, innovación y sostenibilidad en el marco europeo.

SOLS RODRÍGUEZ-CANDELA, A., FERNÁNDEZ FERNÁNDEZ, I., y ROMERO YACOBI, J. (2013). *Gestión integral de proyectos*. Universidad Pontificia Comillas.

>Este libro aborda la gestión de proyectos desde una perspectiva global o sistémica, enfatizando que el éxito no depende únicamente de aspectos técnicos, sino principalmente de la gestión de las personas y las relaciones dentro del equipo. Integra conocimientos humanos, técnicos y económicos para ofrecer una visión holística del proyecto. Los editores presentan un enfoque práctico que combina rigor académico con claridad, facilitando la aplicación de conceptos clave como planificación, control de riesgos, gestión del alcance, liderazgo, calidad y cierre de proyectos.

Legislación

Directiva (UE) 2019/882 del Parlamento Europeo y del Consejo, de 17 de abril de 2019, sobre los requisitos de accesibilidad de los productos y servicios.

Ley 9/2017, de 8 de noviembre, de Contratos del Sector Público (España), por la que se transponen al ordenamiento jurídico español las Directivas 2014/23/UE y 2014/24/UE.

Ley 38/2003, de 17 de noviembre, General de Subvenciones (España).

Ley Orgánica 3/2018, de 5 de diciembre, de Protección de Datos Personales y garantía de los derechos digitales (España).

Reglamento (UE) 2016/679 del Parlamento Europeo y del Consejo, de 27 de abril de 2016, relativo a la protección de las personas físicas en lo que respecta al tratamiento de datos personales (RGPD).

Reglamento (UE, Euratom) 2018/1046 del Parlamento Europeo y del Consejo, de 18 de julio de 2018, sobre las normas financieras aplicables al presupuesto general de la Unión.

Reglamento (UE) 2018/1725 del Parlamento Europeo y del Consejo, de 23 de octubre de 2018, sobre la protección de las personas físicas respecto al tratamiento de datos por instituciones y organismos de la UE.

Reglamento (UE) 2021/241 del Parlamento Europeo y del Consejo, de 12 de febrero de 2021, por el que se establece el Mecanismo de Recuperación y Resiliencia (MRR).

Reglamento (UE) 2021/695 del Parlamento Europeo y del Consejo, de 28 de abril de 2021, por el que se establece el programa Horizonte Europa.

Reglamento (UE) 2021/817 del Parlamento Europeo y del Consejo, de 20 de mayo de 2021, por el que se establece el programa Erasmus+ (2021–2027).

Reglamento (UE) 2021/1057 del Parlamento Europeo y del Consejo, de 24 de junio de 2021, por el que se establece el Fondo Social Europeo Plus (FSE+).

Reglamento (UE) 2021/1058 del Parlamento Europeo y del Consejo, de 24 de junio de 2021, relativo al Fondo Europeo de Desarrollo Regional (FEDER) y al Fondo de Cohesión.

Reglamento (UE) 2021/1060 del Parlamento Europeo y del Consejo, de 24 de junio de 2021, por el que se establecen disposiciones comunes aplicables a los fondos del período 2021–2027.

Webgrafía

10 cosas que has de saber antes de participar en un proyecto europeo

https://pontaeuropa.fvmp.es/es/10-cosas-que-has-de-saber-antes-de-participar-en-un-proyecto-europeo/

Búsqueda de socios para proyectos europeos

https://www.ucv.es/investigacion/busqueda-de-socios-para-proyectos-europeos

Cómo elaborar un plan de gestión de riesgos efectivo para proyectos europeos

https://financiacioneinvestigacion.com/blog/como-elaborar-plan-gestion-riesgos-proyectos-europeos/

El Plan de Comunicación de proyectos europeos

https://consulta-europa.com/es/comunicacion-de-proyectos-europeos/

Entregables vs hitos comprensión de las diferencias clave

https://fastercapital.com/es/contenido/Entregables-vs--hitos--comprension-de-las-diferencias-clave.html

Financiación, ayudas y subsidios de la Unión Europea

https://european-union.europa.eu/live-work-study/funding-grants-subsidies_es

Guía práctica para justificar gastos en proyectos europeos

https://financiacioneinvestigacion.com/blog/guia-practica-justificar-gastos-proyectos-europeos/

Preparación y gestión de proyectos europeos y facilitar la atracción de talento internacional 2025

https://www.aei.gob.es/convocatorias/buscador-convocatorias/preparacion-gestion-proyectos-europeos-facilitar-atraccion-11

La Comisión Europea ha financiado mi proyecto: ¿cuáles son los siguientes pasos?

https://www.zabala.es/noticias/guia-gestion-proyectos-europeos/

Las actividades de explotación, imprescindibles para el impacto de los proyectos europeos

https://www.zabala.es/opiniones/impacto-en-proyectos-europeos/

Normas comunes sobre los fondos de la Unión Europea (2021-2027)

https://eur-lex.europa.eu/legal-content/ES/TXT/?uri=legissum:4536652

Programas de financiación de la UE

https://commission.europa.eu/funding-tenders/find-funding/eu-funding-programmes_es

¿Qué es un entregable en la gestión de proyectos?

https://asana.com/es/resources/what-are-project-deliverables

Qué es un hito y cuáles son los ejemplos de hitos de un proyecto

https://blog.ganttpro.com/es/que-es-un-hito-y-que-ejemplos-de-hitos-hay/